# Nederlands in hoofdlijnen

# Praktische grammatica voor anderstaligen

OEFENINGENBOEK

*Auteurs*

Ineke de Bakker

Marjan Meijboom

Adriaan Norbart

Carla Smit

Sylvia Vink

Tweede druk, eerste oplage, 2005

**Wolters-Noordhoff**

Ontwerp binnenwerk: G2K, Groningen / Amsterdam.
Ontwerp omslag: 178 Aardige Ontwerpers, Amsterdam.
Opmaak: Harrie van Son & Partners bv, Son/Eindhoven

# i Inhoud

Inleiding *7*

## A-oefeningen

| | | |
|---|---|---|
| 1 | De zin *10* | |
| 2 | Het werkwoord *13* | |
| 3 | Het substantief en de lidwoorden *22* | |
| 4 | Het adjectief *24* | |
| 5 | Pronomina *28* | |
| 6 | Preposities en woordgroepen *31* | |
| 7 | De hoofdzin *33* | |
| 8 | De vraagzin *38* | |
| 9 | Bijzinnen en conjuncties *41* | |
| 10 | De infinitief *45* | |
| 11 | Het reflexieve werkwoord en het scheidbare werkwoord *47* | |
| 12 | Andere soorten bijzinnen *51* | |
| 13 | Het passief *55* | |
| Bijlage 1 | De spelling *57* | |
| Sleutel A | Antwoorden bij de oefeningen *59* | |
| | Opdrachtbladen *67* | |

## B-oefeningen *75*

| | | |
|---|---|---|
| 1 | De zin *76* | |
| 2 | Het werkwoord *78* | |
| 3 | Het substantief en de lidwoorden *86* | |
| 4 | Het adjectief *89* | |
| 5 | Pronomina *93* | |
| 6 | Preposities en woordgroepen *97* | |
| 7 | De hoofdzin *99* | |
| 8 | De vraagzin *103* | |
| 9 | Bijzinnen en conjuncties *106* | |
| 10 | De infinitief *112* | |
| 11 | Het reflexieve werkwoord en het scheidbare werkwoord *115* | |
| 12 | Andere soorten bijzinnen *120* | |
| 13 | Het passief *125* | |
| 14 | Het gebruik van 'er' *128* | |
| Bijlage 1 | De spelling *131* | |
| Sleutel B | Antwoorden bij de oefeningen *133* | |
| | Opdrachtbladen *144* | |
| | Literatuurlijst *149* | |
| | Verantwoording *150* | |

# Inleiding

*Nederlands in hoofdlijnen*, een grammaticacursus voor anderstaligen, bestaat uit een theorieboek en een oefeningenboek. In het theorieboek staat een uitgebreide inleiding waarin we ingaan op het doel en de opbouw van *Nederlands in hoofdlijnen*. In deze inleiding treft u achtergrondinformatie en adviezen bij de oefeningen aan.

### De oefeningen
Het oefeningenboek bevat twee delen: A-oefeningen voor beginners en B-oefeningen voor (half)gevorderden. De antwoorden staan achter de betreffende delen. Dat maakt *Nederlands in hoofdlijnen* ook geschikt voor zelfstudie.

In deze herziene versie hebben we het aantal oefeningen bij een aantal onderwerpen wat uitgebreid. Zo zijn er in deze versie meer oefeningen bij het hoofdstuk over de werkwoorden (hoofdstuk 2). Toch gaan wij er nog steeds vanuit dat veel grammaticaregels pas na langere tijd en door intensief taalgebruik verworven worden. Dat geldt bijvoorbeeld voor de regels voor de woordvolgorde in de hoofdzin en de bijzin of het gebruik van bepaalde en onbepaalde lidwoorden: eindeloos oefenen helpt meestal niet om deze regels onder de knie te krijgen.

Het doel van de oefeningen is een *aanzet* te geven tot het verwerven van de regels. Het maken van enkele oefeningen kan ertoe leiden dat de cursist zich bewust wordt van een regel en deze zal herkennen in ander taalmateriaal. Vervolgens maakt de cursist een aantal gestuurde oefeningen waarbij hij of zij de regel probeert toe te passen. Dit wil echter nog niet zeggen dat de cursist de regel in vrije taalproductie al kan toepassen. Om deze stap naar toepassing in vrije productie te vergemakkelijken hebben we bij alle regels vrijere oefeningen of spreekoefeningen opgenomen.

### Verschillende soorten oefeningen

*Afleidoefeningen*
Wanneer in de theorie het symbool ➤ gegeven is, betekent dat dat er eerst een afleidoefening gemaakt moet worden. Zo'n oefening is gericht op het zelf ontdekken van een grammaticaregel. De theorie mag pas worden gelezen nadat deze afleidoefening gemaakt is.
Het is belangrijk dat afleidoefeningen goed afgerond worden, zodat alle cursisten de juiste regel gepresenteerd krijgen.

*Receptieve oefeningen*
Bij sommige hoofdstukken zijn receptieve oefeningen opgenomen. Het doel van die oefeningen is dat cursisten de regel herkennen en zich bewust worden van het gebruik van de besproken regel. Een voorbeeld van zo'n receptieve oefening is te vinden bij de A-oefeningen in het hoofdstuk over het adjectief. Cursisten moeten eerst in een tekstje alle adjectieven aanstrepen, zodat duidelijk wordt wat een adjectief is en hoe het gebruikt wordt.

*Vormgerichte oefeningen*
Bij elk hoofdstuk zitten één of meer oefeningen waarbij de vorm centraal staat. Deze oefeningen zijn vaak bedoeld ter verduidelijking van de theorie. De theorie wordt ingeoefend: de cursist oefent heel bewust met de juiste vorm en ontdekt al doende hoe de regels toegepast worden.
Ook al staat de vorm centraal, we hebben er wel naar gestreefd de contexten waarin de regels geoefend worden zo zinvol en natuurlijk mogelijk te maken. Bij een oefening voor de verleden tijd van werkwoorden bijvoorbeeld, vraagt de context ook echt om het gebruik van de verleden tijd.

*Productieve oefeningen*
Oefeningen waarbij een grammaticaregel in een wat vrijere context toegepast moet worden, zijn ook bij vrijwel elk hoofdstuk te vinden. Vooral in het deel voor halfgevorderden is er vrij veel aandacht voor dergelijke oefeningen. Soms zijn het schriftelijke oefeningen, maar meestal zijn het spreekoefeningen. Het doel van deze oefe-

ning is zoals gezegd, de stap naar het toepassen in communicatieve situaties te ver-gemakkelijken. Omdat bij deze oefeningen de antwoorden niet te voorspellen zijn, worden er meestal geen antwoorden gegeven. Soms staan er in de sleutel enkele suggesties.

Cursisten doen de spreekoefeningen in de les in groepjes of tweetallen. Ze moeten bijvoorbeeld gebruikmakend van comparatief en superlatief een aantal zaken ver-gelijken. Bij dit soort oefeningen kunnen de cursisten elkaar proberen te corrigeren. De docent moet wel benadrukken dat de cursisten alleen letten op fouten die de regel betreffen die op dat moment geoefend wordt en dat allerlei andere fouten er even niet toe doen.

Bij dergelijke oefeningen is het belangrijk dat de docent van tevoren duidelijk uit-legt wat de cursisten moeten gaan doen. In het algemeen moet de docent erop wij-zen dat bij dit soort vrijere oefeningen wel degelijk een grammaticale regel wordt geoefend.

### Werkwijze

Het is de bedoeling dat het theorieboek twee keer wordt doorgenomen: een keer op het beginnersniveau in combinatie met de A-oefeningen en een keer op een hoger niveau in combinatie met de B-oefeningen. De B-oefeningen zijn moeilijker dan de A-oefeningen in die zin dat grammaticaregels geoefend worden in moeilijkere con-texten en er meer productie verwacht wordt. Verder zijn er enkele B-oefeningen bij de extra informatie die in sommige hoofdstukken in de grijze kaders gegeven is.

We bevelen aan om de hoofdstukken in het oefeningenboek in de aangeboden volg-orde door te werken, parallel aan het theorieboek. Vanwege de opbouw van recep-tief naar productief moeten de oefeningen ook per hoofdstuk in de aangeboden volgorde gemaakt worden.

In verband met het cyclisch aanbieden en behandelen van de grammatica is het beter om de oefeningen bij een hoofdstuk over een aantal lessen te spreiden. Nadat het onderwerp geïntroduceerd is en er enkele oefeningen zijn gemaakt, zou in een later stadium de theorie kort herhaald kunnen worden, waarna de rest van de oefe-ningen gemaakt wordt. Op die manier wordt voorkomen dat een bepaalde gramma-ticaregel in een cursus slechts één keer aan de orde komt met het risico dat een cursist die er op dat moment nog niet aan toe was, de regel nooit meer aangeboden krijgt.

### Bijlagen

Zowel het A-deel als het B-deel bevat een bijlage met oefeningen voor de spelling. Die kan op elk gewenst moment gedaan worden, bijvoorbeeld bij de behandeling van het werkwoord (hoofdstuk 2), het substantief (hoofdstuk 3) of het adjectief (hoofdstuk 4).

Per deel vindt u ten slotte een bijlage met enkele kopieerbladen voor spreek-oefeningen.

### Ten slotte

*Nederlands in hoofdlijnen* is nadrukkelijk een basisgrammatica. In dit boek wordt de Nederlandse grammatica op een heldere, overzichtelijke manier aangeboden zonder veel uitzonderingen en zonder veel theoretische achtergrondinformatie.

We hopen dat docenten en cursisten met plezier *Nederlands in hoofdlijnen* zullen doorwerken. Commentaar en tips die voortkomen uit het gebruik van *Nederlands in hoofdlijnen* zijn welkom.

Amsterdam, juni 2005

Ineke de Bakker
Marjan Meijboom

# A-oefeningen

# 1 De zin

## Oefening 1

Zet een ☐ rond de persoonsvorm en een 〰〰〰 onder het subject.

Voorbeeld

Waarom leer jij Nederlands?

1   Een jaar heeft twaalf maanden.
2   Morgen ga ik een brief schrijven.
3   Krijgt iedereen elke dag les?
4   Els is een vrouw.
5   De lessen beginnen hier te vroeg.
6   Meestal kom ik met de fiets.
7   In Nederland spreekt men Nederlands.
8   Over twee weken kennen jullie al veel woorden.
9   We drinken een kopje koffie.
10  De docent herhaalt het antwoord.
11  Tim leest een bladzijde uit het boek.
12  Eric leert de nieuwe woorden.
13  Voor Sarah zijn de woorden belangrijker.
14  De betekenis van de woorden kun je in een woordenboek opzoeken.
15  Morgen wil ik graag mijn familie bezoeken.

## Oefening 2

Zet een ☐ rond de persoonsvorm, een 〰〰〰 onder het subject, een ......... onder het object en een ∘∘∘∘∘∘∘∘ onder de infinitief.

Voorbeeld

Per dag wil Sarah vijftig woorden leren.

1   Ik ga boodschappen doen.
2   In deze kamer slaap ik.
3   Abdelhafid en Els zullen op jou wachten.
4   Hoeveel kilometer woon je van je werk?
5   Jullie voeren een interessant gesprek.
6   Die leraar wil zijn vragen nooit herhalen.
7   Vaak zullen de lessen in deze zaal plaatsvinden.
8   In het weekend ga ik brieven schrijven.
9   Wij moeten heel veel woorden onthouden.
10  Die docent spreekt veel te snel. Vind jij dat ook?

## Oefening 3

a  Onderstreep de werkwoorden.

b  Zet een ☐ rond de persoonsvorm en een ﹏﹏ onder het subject.

Sarah ☐woont☐ in Utrecht.
﹏﹏

> Ze wil eigenlijk in Amsterdam wonen. Maar in Amsterdam kan ze geen kamer vinden. Dat vindt ze jammer, want ze moet nu elke dag met de trein naar Amsterdam gaan. Sarah studeert namelijk in Amsterdam.

> Tim en Eric hebben een druk leven. Ze werken hard. Bovendien willen ze veel aan sport doen. Helaas kunnen ze vaak niet zoveel tijd aan sport besteden. Dat vinden ze niet leuk. Ze hebben het altijd zo druk. Daarom vergeten ze wel eens hun familie te bezoeken. De boodschappen vergeten ze heel vaak. Nu probeert Eric een keer per week boodschappen te doen.

## Oefening 4

Maak goede zinnen. Kies een woord uit de eerste kolom, daarna een woord uit de tweede kolom en vervolgens een uit de derde kolom. Je mag de woorden meer dan één keer gebruiken.

*Om twaalf uur eindigt de les.*

| | | |
|---|---|---|
| Sarah | is | de cursus. |
| Dit antwoord | woont | om tien uur. |
| Ik | komt | uit een ander land. |
| Om twaalf uur | gaat | Thomas. |
| Tijdens de les | staat | interessant. |
| Misschien | vertrekt | de les. |
| Dit boek | begint | in Den Haag. |
| Els | komt | op vakantie. |
| Hij | eindigt | honderd pagina's. |
| Deze tekst | zit | Eric. |
| De trein | leert | veel woorden. |
| Vandaag | bevat | op een stoel. |
| Op deze bladzijde | is | een leuke oefening. |
| Zij | zwijgt | goed. |

1  _____

2  _____

3  _____

4  _____

5  _____

6  _____

7  _____

8  _____

9  _____

10  _____

11  _____

12  _____

13  _____

14  _____

# 2 Het werkwoord

## Oefening 1

Maak minstens 15 zinnen met de volgende woorden. Kies elke keer een woord uit kolom 1, 2 en 3. Je mag de woorden meerdere keren gebruiken.

| | | |
|---|---|---|
| De cursisten | ben | in het centrum |
| Hoe | zitten | belangrijk |
| Het | is | jullie |
| Amsterdam | woon | een mooie kamer |
| Waar | lezen | ik |
| Dichtbij de universiteit | wonen | veel inwoners |
| De meeste winkels | heten | in de buurt |
| De docent | begrijpt | de teksten |
| Wij | heeft | veel studenten |
| Abdelhafid | leren | in de klas |
| In die stad | begrijp | jouw woning |
| Sarah | hebben | Thomas |
| Elke dag | leren | veel woorden |
| Eric en Tim | zijn | Nederlands |
| Lies | studeer | het station |

**Voorbeeld**

*In die stad wonen veel studenten.*

1 _____

2 _____

3 _____

4 _____

5 _____

6 _____

7 _____

8 _____

9 _____

10 _____

11 _____

12 _____

13 _____

14 _____

15 _____

## Oefening 2    Regelmatig presens
Geef de goede presensvorm.

**Voorbeeld**

zeggen        Hij _____ niet veel.
              Hij *zegt* niet veel.

maken       1   Ik _____ nu een oefening met het presens.
nemen       2   Hij _____ zijn woordenboek elke dag mee naar de les.
werken      3   Elisabeth _____ vier dagen per week.
werken      4   _____ jij ook vier dagen per week?
kennen      5   Hij _____ nog niet veel Nederlandse mensen.
rijden      6   Adriaan _____ in een heel oude auto.
schrijven   7   Tim _____ vaak e-mails aan Els.
schrijven   8   _____ jij soms brieven of e-mails in het Nederlands?
houden      9   Hij _____ veel van lezen.
leren      10   Ik _____ nu Nederlands.
vinden     11   Ik _____ Nederlands een moeilijke taal.
lopen      12   _____ jullie naar de universiteit of
gaan            _____ jullie met de tram?
helpen     13   Hij _____ zijn oude buurman vaak.
geven      14   In Nederland _____ men cadeaus op een verjaardag.
eten       15   Hij _____ vaak in een restaurant.
stoppen    16   De bussen _____ vlakbij het station.
spelen     17   Die kinderen _____ bijna elke dag op straat.
stellen    18   Jullie _____ veel vragen.
pakken     19   Hij _____ zijn woordenboek uit zijn tas.
leven      20   Vrouwen _____ langer dan mannen.

## Oefening 3    Onregelmatig presens
Geef de goede presensvorm.

**Voorbeeld**

hebben        Eric _____ geen geld.
              Eric *heeft* geen geld.

Tim en Eric gaan naar een café.

Eric:        (zullen)    Tim, _____ we iets gaan drinken?
Tim:         (zijn)      Ja, dat _____ een leuk idee, maar ik
             (hebben)    _____ bijna geen geld bij me.
Eric:        (kunnen)    Oh, ik _____ voor jou betalen.
Eric:        (willen)    _____ je koffie, thee of iets anders?
Tim:                     Koffie graag.
Eric:        (mogen)     Mevrouw, _____ ik twee koffie?
Serveerster: (willen)    _____ u gewone koffie, cappuccino of espresso?
Eric:        (willen)    Ik _____ graag cappuccino, en jij Tim?
Tim:         (hebben)    _____ u ook koffie verkeerd?
Serveerster: (hebben)    Ja, dat _____ we ook.

| Tim: | | Voor mij dan graag een koffie verkeerd. |
|---|---|---|
| Eric: | (zijn) | Zeg Tim, wat _____ een koffie verkeerd eigenlijk? |
| Tim: | (zijn) | Dat _____ koffie met heel veel melk. |

## Oefening 4    Onregelmatig presens
Geef de goede presensvorm.

**Voorbeeld**

| zijn | Hij _____ onze docent. |
|---|---|
| | Hij *is* onze docent. |

| kunnen | 1 | Hij _____ vandaag niet komen. |
|---|---|---|
| hebben | 2 | Eric _____ 20 euro in zijn portemonnee. |
| willen | 3 | Ik _____ Nederlands leren. |
| zijn | 4 | Ik _____ nu drie maanden in Nederland. |
| mogen | 5 | Je _____ hier niet roken. |
| zullen | 6 | _____ ik je even helpen? |
| kunnen | 7 | Zij _____ goed Nederlands spreken. |
| mogen | 8 | Jullie _____ tijdens het examen geen woordenboek gebruiken. |
| hebben | 9 | Ik _____ geen tijd. |
| zijn | 10 | Hij _____ vandaag niet thuis. |

## Oefening 5    Regelmatig imperfectum
Deze zinnen staan in het presens. Zet ze in het imperfectum.

**Voorbeeld**

Ik maak het huiswerk.
*Ik maakte het huiswerk.*

1  De student leert de woorden.

De student leerde de woorden

2  Ik herinner me zijn naam niet.

Ik herinnerde me zijn naam niet

3  Tim woont in het centrum.

Tim woonde in het centrum

4  De les duurt tot vijf uur.

De les duurde tot vijf uur

5  In de les gebruiken we een boek.

In de les gebruikten we een boek.

6  Eric maakt eten klaar in de keuken.

Eric maakte eten klaar in de keuken.

7  In het weekend werkt zij in een restaurant.

In het weekend werkte zij in een restaurant

8   Ik antwoord op zijn vraag.

*Ik antwoordde op zijn vraag.*

9   Maandag eindigt de les om vier uur.

*Maandag eindigde de les om vier uur.*

10  Lies hoort de docent niet.

*Lies hoorde de docent niet.*

## Oefening 6    Regelmatig imperfectum
Vul de juiste vorm van het imperfectum in.

**Voorbeeld**

| | | |
|---|---|---|
| werken | | Ik _____ vroeger in Rotterdam. |
| | | Ik *werkte* vroeger in Rotterdam. |

| | | |
|---|---|---|
| kennen | 1 | Vorig jaar _____ ik nog niemand in Nederland. |
| wonen | 2 | Vroeger _____ hij in Istanbul. |
| wonen | 3 | Waar _____ jullie voordat jullie in Nederland kwamen? |
| spelen | 4 | Die kinderen _____ vaak op straat. |
| praten | 5 | Hij _____ vroeger vaak met zijn oude buurman. |
| stoppen | 6 | Hij _____ niet toen ik hem riep. |
| fietsen | 7 | Els en Tim _____ vroeger altijd naar school. |
| betalen | 8 | Vroeger _____ men in Nederland met guldens, nu met euro's. |
| noemen | 9 | Zijn ouders _____ hem vroeger 'Jantje', nu zegt iedereen 'Jan'. |
| pakken | 10 | Hij _____ zijn lesboeken en ging naar school. |

## Oefening 7    Regelmatig perfectum
Vul de juiste vorm van het perfectum in.

**Voorbeeld**

| | | |
|---|---|---|
| maken | | Ik _____ het huiswerk _____. |
| | | Ik *heb* het huiswerk *gemaakt*. |

| | | |
|---|---|---|
| werken | 1 | Hij _____ tien jaar bij Philips _____. |
| voeren | 2 | We _____ een lang gesprek _____. |
| praten | 3 | Gisteren _____ ik lang met haar _____. |
| luisteren | 4 | We _____ met aandacht naar de radio _____. |
| maken | 5 | Je _____ die oefening goed _____. |
| wachten | 6 | Ik _____ twee uur op de trein _____. |
| leren | 7 | Die cursisten _____ veel nieuwe woorden _____. |
| duren | 8 | Het gesprek _____ twee uur _____. |
| wonen | 9 | Wij _____ twee jaar in Frankrijk _____. |
| horen | 10 | Ik _____ de vraag niet _____. |

## Oefening 8    Regelmatig perfectum

Vul de goede vorm van het deelwoord in.

<u>Voorbeeld</u>

duren            Het gesprek heeft heel lang _____.
                 Het gesprek heeft heel lang *geduurd*.

wonen – werken – leren – verhuizen
Tessa heeft twee jaar in Londen _____. Ze heeft daar bij een groot bedrijf _____.
Daardoor heeft ze heel goed Engels _____. Na twee jaar is ze naar Nederland
_____.

leren – maken – koken – luisteren
Gisteren heb ik de theorie van het imperfectum en het perfectum _____. Daarna
heb ik alle oefeningen _____. Toen ik klaar was, heb ik _____. 's Avonds heb ik
naar mooie muziek _____.

fietsen – ontmoeten – praten – betalen
Abdelhafid is gisteren naar de stad _____. Daar heeft hij Eric in een café _____.
Ze hebben urenlang over de politiek in Nederland _____. Toen ze weggingen,
hebben ze samen de rekening _____.

## Oefening 9    Onregelmatig imperfectum

Gebruik het imperfectum. Gebruik de lijst met onregelmatige werkwoorden als dat
nodig is.

beginnen     1   Gisteren *begon* de les om kwart over tien.
hebben       2   Vorige week *hadden* we geen les.
gaan         3   Vroeger *ging* ik met de bus naar mijn werk.
kunnen       4   Abdelhafid *kon* gisteren niet komen.
zijn         5   In 1500 *was* Amsterdam een kleine stad.
begrijpen    6   Lies *begreep* de docent niet.
drinken      7   Vroeger *dronk* ik geen alcohol.
komen        8   Vanmorgen *kwam* de bus te laat.
lezen        9   Vroeger *las* Els drie boeken per week.
zien         10  Tim en Thomas *zagen* Eric in het centrum.
spreken      11  Vorig jaar *spraken* jullie nog geen Nederlands.
zeggen       12  De student *zei* zijn naam.
weten        13  Sarah *wist* het antwoord niet.
vertrekken   14  We *vertrokken* al om zes uur 's morgens.
denken       15  Ik *dacht* vroeger nooit aan geld.

## Oefening 10    Onregelmatig imperfectum

Vul de juiste vorm van het imperfectum in. Gebruik de lijst met onregelmatige werkwoorden als dat nodig is.

gaan – staan – lopen – gaan – komen – drinken – zitten – kijken – komen – zijn – komen – vinden – helpen – eten – mogen – zijn

Vroeger _____ Tessa altijd met haar broer van school naar huis. Haar broer _____ altijd bij de school op Tessa te wachten. Soms _____ ze samen naar huis, soms _____ ze op de fiets.

Als Tessa en haar broer thuis _____, _____ ze eerst samen een glas limonade. Daarna _____ Tessa vaak op haar kamer om haar huiswerk te doen. Maar soms _____ ze naar leuke programma's op tv.

Hun moeder _____ meestal om zes uur thuis. Tessa _____ altijd blij als haar moeder thuis _____. Ze _____ het fijn om haar moeder te vertellen over haar dag op school. Soms _____ Tessa haar moeder met koken. Ze _____ meestal om ongeveer zeven uur. Na het eten _____ Tessa doen wat ze wilde tot het tijd _____ om naar bed te gaan.

## Oefening 11    Onregelmatig perfectum

Vul de juiste vorm van het deelwoord in. Gebruik de lijst met onregelmatige werkwoorden als dat nodig is.

**Voorbeeld**
___

| blijven | Ik ben tot twaalf uur in het café _____. |
|---|---|
| | Ik ben tot twaalf uur in het café *gebleven*. |

___

| zijn | 1 | Hij is nog nooit in Amsterdam _____. |
|---|---|---|
| slapen | 2 | Ik heb vannacht heel goed _____. |
| verstaan | 3 | Kun je dat langzaam herhalen? Ik heb het niet _____. |
| beginnen | 4 | U kunt niet meer naar binnen. De film is al _____. |
| spreken | 5 | Ik heb met de docent _____. |
| verkopen | 6 | Hij heeft zijn huis _____. |
| eten | 7 | Heb jij wel eens een kroket _____? |
| vallen | 8 | Je pen is op de grond _____. |
| brengen | 9 | Gisterenavond heeft Tim haar naar huis _____. |
| vergeten | 10 | Ik ben heel veel woorden weer _____. |
| vinden | 11 | Ik heb op straat een biljet van vijftig euro _____! |
| sterven | 12 | Mijn opa is vorig jaar _____. |
| blijven | 13 | John woont in Nederland, maar de rest van zijn familie is in Engeland _____. |
| rijden | 14 | Tim heeft in Erics nieuwe auto _____. |
| doen | 15 | Dat heb ik niet _____! |

## Oefening 12    Onregelmatig perfectum

Zet de zinnen in het perfectum. Gebruik de lijst met onregelmatige werkwoorden als dat nodig is.

1   Sarah komt met de tram.

___

2   Tim neemt de bus.

___

3  Hij kijkt naar de televisie.

_____

4  Tim geeft Eric een boek.

_____

5  Els gaat naar Parijs.

_____

6  Wat doe je dit weekend?

_____

7  Ik slaap tot acht uur.

_____

8  Ik spreek met hem Nederlands.

_____

9  Lies is in Brussel.

_____

10 De studenten eten om twaalf uur.

_____

11 Tessa koopt een boek.

_____

12 Tim en Eric krijgen een cadeau.

_____

13 Hij schrijft een brief aan zijn moeder.

_____

14 Mijn vader ligt in het ziekenhuis.

_____

15 Ik lees een heel mooi boek over China.

_____

## Oefening 13

Kies de goede vorm van het werkwoord.

Tim gaat / ging / gegaan gisteren naar het centrum.
Tim gaat / _ging_ / gegaan gisteren naar het centrum.

1   Ik hebt / heb / heeft een keuken.
2   Morgen ging / gaan / gaat hij naar Utrecht.
3   Jij kant / kunt / kunnen bij mij eten.
4   De universiteit lig / ligt / liggen in een grote stad.
5   Woon / Woont / Wonen jij in Delft?
6   Vroeger woonte / woonde / woont ik op de hoek van een drukke straat.
7   Gisteren wilde / wilden / wilten wij de nieuwe woorden herhalen.
8   Na de les ga / gaat / gingde ik boodschappen doen.
9   Hij zal / zult / zullen een woning in Rotterdam kopen.
10  Kom / Komt / Komen jij uit een dorp?
11  Volgend jaar wilt / wil / wilde zij een huis kopen.
12  Gisteren liepte / liep / loopte ik in de Kalverstraat.
13  Die oefening heb ik gisteren gemaakte / gemaakt / gemaakd.
14  Heb jij gehoort / gehoord / horen wat de leraar zei?
15  De leraar stelde / stelte / stelden een aantal vragen aan de student.
16  Els kan / kon / kant volgende week niet naar de les komen.
17  De film heeft drie uur geduurt / duren / geduurd.
18  Zaterdag zal ik naar mijn ouders gaan / gegaan / gegaat.
19  We drinken / drinkten / gedronken een lekker glas wijn.
20  Heb jij je huiswerk gemaakt / gemaakd / maken?

## Oefening 14

Maak minstens tien zinnen met de volgende woorden. Kies elke keer een woord uit kolom 1, 2, 3 en 4. Je mag de woorden meerdere keren gebruiken.

| | | | |
|---|---|---|---|
| Thomas | is | een huis | gestopt. |
| Zij | | op de bus | genomen. |
| Wij | hebben | bij het ziekenhuis | gesteld. |
| De kinderen | | de lift | gespeeld. |
| Tussen de middag | heb | de krant | gegeten. |
| Vroeger | | wij | gerookt. |
| In het weekend | heeft | ik | gefietst. |
| De bus | | buiten | gewacht. |
| De leraar | ben | een vraag | gelezen. |
| Ik | | een nieuwe kamer | gevonden. |

1  _____

2  _____

3  _____

4  _____

5  _____

6  _____

7  _____

8  _____

9 _____

10 _____

11 _____

12 _____

13 _____

14 _____

15 _____

## Oefening 15    Spreekoefening

Beschrijf wat je gisteren hebt gedaan (bijvoorbeeld naar school gaan, boodschappen doen, huiswerk maken, enzovoort). Denk een paar minuten na. Je kunt een paar werkwoorden opzoeken. Schrijf niets op.

Werk in groepjes van drie. Vertel elkaar over je dag. Begin bijvoorbeeld zo: 'Gisteren ben ik om zeven uur opgestaan. Ik heb wat gegeten. Daarna ben ik naar school gegaan. Om tien uur heb ik koffiegedronken. ...'

# 3 Het substantief en de lidwoorden

## Oefening 1
Vul de juiste meervoudsvorm in.

In deze groep zitten veertien *studenten* (student): zes *jongens* (jongen) en acht *meisjes* (meisje).

1  Wat staan er weer veel _____ (auto) in de straat!
2  Hoe lang duren de _____ (les)?
3  Ik woon in een buurt met heel veel _____ (winkel).
4  De _____ (huis) in Amsterdam zijn nogal duur.
5  Heb jij de _____ (haven) van Amsterdam en Rotterdam wel eens bezocht?
6  Ik heb les van twee verschillende _____ (leraar).
7  Ik heb geen bril nodig; ik heb goede _____ (oog).
8  Doe jij de _____ (boodschap)?
9  De werkloosheid is hoog; er zijn te weinig _____ (baan).
10 Ik heb drie _____ (broer) en twee _____ (zus).
11 Wil jij deze twee _____ (brief) even posten?
12 Deze grote school heeft verschillende _____ (afdeling).
13 In die winkel verkopen ze tweedehands _____ (televisie) en _____ (radio).

## Oefening 2    Spreekoefening
Werk samen in groepjes van vier of vijf cursisten.
De eerste cursist begint met de zin: 'In de klas staan twintig *stoelen*.'
De tweede cursist herhaalt de zin en vult aan. Bijvoorbeeld:
'In de klas staan twintig *stoelen* en negentien *tafels*.'
De derde cursist herhaalt deze zin en vult ook weer aan.
Ga door totdat je de woorden niet meer kunt onthouden.

Doe hetzelfde met bijvoorbeeld:
*Mijn familie:*    'Mijn familie is groot. Ik heb vijf *ooms* ...'
*Mijn garderobe*: 'Ik heb in mijn kast drie *broeken* ...'

Het is de bedoeling dat je elkaar bij deze oefening corrigeert.
Let alleen op de *juiste meervoudsvormen*. Andere fouten zijn nu niet belangrijk.

## Oefening 3
Kies het juiste woord.

Voorbeeld

Thomas is pas twee maanden in Nederland.
Hij spreekt niet / <u>geen</u> Nederlands.

1 Is Nederlands een moeilijke taal? Nee, Nederlands is niet / geen moeilijke taal.
2 Heb je een pen voor me? Nee, ik heb niet / geen pen. Ik ben hem vergeten.
3 Is dit antwoord goed? Nee, dit antwoord is niet / geen goed. Het is fout.
4 We moeten alle nieuwe woorden onthouden. Dat is niet / geen makkelijk.
5 Drink je koffie maar rustig op. De les is nog niet / geen begonnen.
6 Heeft iedereen een boek? Nee, Thomas heeft nog niet / geen boek.
7 Ik kijk nooit televisie, want ik heb niet / geen televisie.
8 Woon je in Amsterdam? Nee, ik woon niet / geen in Amsterdam. Ik woon in Haarlem.
9 Kom jij op de fiets naar de les? Nee, ik kom niet / geen met de fiets. Ik houd niet van fietsen.
10 In de klas staan stoelen en tafels maar niet / geen bedden.

## Oefening 4    Spreekoefening
Werk in groepjes van drie.
Stel elkaar de vragen. Geef antwoord in een complete zin.

Voorbeeld

Cursist A vraagt aan cursist B of C:    *Ben jij in Siberië geweest?*
Cursist B of C antwoordt:    *Nee, ik ben **niet** in Siberië geweest.*

1 Heb jij een Rolls Royce?
2 Heb jij veel geld?
3 Ben jij in Colombia geweest?
4 Woon je al heel lang in Nederland?
5 Heb jij een grote villa?
6 Heb jij een paard?
7 Heb jij de minister-president van Nederland ontmoet?
8 Eet jij vaak Nederlandse gerechten?
9 Heb jij een mooie fiets?
10 Ga je vanmiddag naar Parijs?

## Oefening 1

Onderstreep de adjectieven, comparatieven en superlatieven in de volgende tekst.

<u>Voorbeeld</u>

Hij heeft een nieuw boek gekocht.
Hij heeft een <u>nieuw</u> boek gekocht.

Thomas heeft vorige week een interessant boek over Nederland gelezen. In dat boek stond dat Nederland een dichte bevolking heeft. In de wereld heeft alleen Bangladesh een dichtere bevolking. Nederland is klein, maar er wonen bijna zeventien miljoen mensen.

Er zijn een paar grote steden, zoals Amsterdam, Rotterdam en Utrecht. In het historische centrum van Amsterdam staan mooie, oude gebouwen terwijl de meeste gebouwen in Rotterdam nieuw zijn. In het boek stond dat Rotterdam de grootste haven van de wereld heeft.

Nederland is een democratisch land. Het parlement zit in Den Haag en daarom is Den Haag ook een belangrijke stad.

In Nederland wonen veel buitenlandse mensen. Sommigen vinden Nederland een prettig land om in te wonen. Anderen vinden Nederland een koud land waar de mensen ook koud zijn.

Thomas woont pas een korte tijd in Nederland en hij heeft dus nog geen duidelijke mening.

## Oefening 2

Vul de goede vorm van het adjectief in.

<u>Voorbeeld</u>

(nieuw)     Hij heeft een *nieuwe* fiets (de).

Let op: **de** familie, **het** dorp, **de** stad, **de** sport, **het** huis.

| | |
|---|---|
| groot | Els heeft een _____ familie. |
| klein | Haar familie woont in een _____ dorp. |
| | Els studeert nu en ze woont daarom in |
| mooi | Amsterdam. Dat is een _____ stad, |
| druk | maar het is er wel heel _____. |
| interessant | Ze vindt haar studie _____ maar wel |
| moeilijk | _____. |
| | Ze moet hard studeren, maar ze doet ook aan |
| leuk | sport. Vooral tennissen vindt ze een _____ sport. |
| oud | Ze heeft een kamer in een _____ huis. |
| | In dat huis wonen ook andere studenten. Dat |
| gezellig | is _____. |
| aardig | Ze heeft _____ vrienden, maar toch mist ze haar familie soms. |

## Oefening 3    Spreekoefening
Werk in groepjes van drie of vier. Gebruik opdrachtblad A4.3.

a Elke cursist krijgt een kaartje waarop een adjectief met een substantief staat.
Bijvoorbeeld: 'een mooi boek'. Laat het kaartje *niet* aan de anderen zien.

Zeg nu alleen het substantief dat op het kaartje staat. Bijvoorbeeld: 'een boek'.
De anderen moeten nu het adjectief raden door vragen te stellen. Bijvoorbeeld:
'een interessant boek?', 'een dik boek?', 'een duur boek?'. Als het adjectief
geraden is, zegt de volgende student zijn of haar substantief.

b Bedenk nu zelf een combinatie van een adjectief met een substantief en schrijf
die op.
Doe dan hetzelfde als bij a.

## Oefening 4    Spreekoefening
Werk in groepjes van twee.

a Kies bij de plaatjes steeds twee adjectieven. Schrijf deze adjectieven bij de
plaatjes.

b Bespreek nu met elkaar de verschillen tussen de plaatjes: vergelijk ze met elkaar.
Je hoeft nu niets op te schrijven. Gebruik de comparatief, de superlatief en
zinnen met 'net zo ... als' of 'even ... als'.

## Voorbeeld

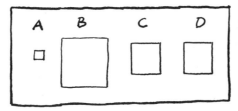

Adjectieven: groot – klein
Vierkantje A is kleiner dan B.
Vierkantje A is ook kleiner dan C en D.
Vierkantjes C en D zijn groter dan A.
Vierkantje B is het grootst.
Vierkantje C is even groot als D.

*Adjectieven:*
sterk – dik – duur – triest – smal – makkelijk – kort – groot – dun – zwak –
moeilijk – vrolijk – goedkoop – klein – lang – breed

**1 de clown**

Adjectieven: _____

**2 de man**

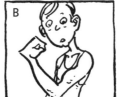

Adjectieven: _____

**3 de koffer**

Adjectieven: _____

**4 het mannetje**

Adjectieven: _____

**5 de streep**

Adjectieven: _____

**6 de som**

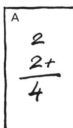 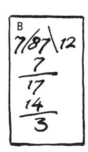 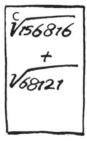

Adjectieven: _____

**7 de weg**

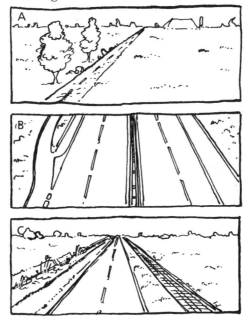

Adjectieven: _____

**8 de ring**

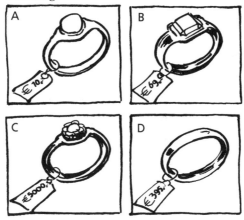

Adjectieven: _____

# Pronomina

## Oefening 1

Vul het juiste pronomen in.

Thomas en Tim gaan iets drinken.
*Ze* gaan iets drinken.

1 Sarah luncht altijd om twaalf uur. _____ luncht meestal in de kantine.
2 Thomas en ik gaan vanavond naar de film. Voor die tijd gaan _____ samen ergens eten.
3 Ik vraag aan Tim of hij koffie wil en ik vraag _____ of hij er melk en suiker in wil.
4 Tim, Thomas en Abdelhafid kennen elkaar al heel lang en dus kennen _____ elkaar goed.
5 Heb jij Sarah en Lies gisteren nog gesproken? Heb jij _____ nog gesproken?
6 Wanneer kom je nu eens bij Tim en mij op bezoek? Kom je volgende week bij _____ eten?
7 Hallo Tessa, hoe gaat het met _____?
8 Gisteravond heb ik Els ontmoet. Ik zag _____ in het café.

## Oefening 2

Vul het juiste woord in. Lees eerst de hele zin.

mijn zusje en ik – de dokter – dames en heren – mijn broer – mijn vader en mijn tante – dokter – mijn moeder – mijn vader en moeder

*Mijn moeder* is ziek. **Ze** ligt in het ziekenhuis.

1 _____ zijn bij haar op bezoek. **We** hebben bloemen meegebracht.
2 _____ zal vanavond komen, want **hij** is nu op zijn werk.
3 _____ zitten al bij het bed van mijn moeder. **Ze** zijn iets eerder gekomen.
4 Na een halfuur komt _____ langs. **Ze** praat even met ons.
5 '_____,' vraag ik, 'kunt **u** ook zeggen wanneer mijn moeder weer naar huis mag?'
6 De dokter wijst naar _____. 'Ik zal dat morgen met **hen** bespreken,' zegt zij, 'want dan heb ik alle informatie.'
7 Dan komt de verpleegkundige binnen. '_____, het bezoekuur is afgelopen. Wilt **u** afscheid nemen?'

## Oefening 3

Lees eerst het verhaaltje. Onder sommige pronomina staat een streep. Waarnaar verwijzen die woorden?

### Thomas bezoekt de tandarts

Om twee uur heeft Thomas een afspraak met de tandarts. In de wachtkamer zitten nog zeven mensen. Zijn <u>die</u> allemaal vóór <u>hem</u> aan de beurt? Hij heeft geen zin om te praten, dus pakt hij <u>zijn</u> krant. Na korte tijd legt hij <u>hem</u> op de tafel en gaat even naar het toilet. Als hij terugkomt, is <u>zijn</u> krant weg. Een mevrouw in de
5  hoek zit zijn krant te lezen. 'Pardon, mevrouw, maar die krant is van <u>mij</u>,' zegt hij. 'O sorry, <u>hij</u> lag op tafel, dus ik dacht dat hij van hier was,' zegt <u>ze</u>. Thomas begint te lezen. Dan gaat de deur open en komt de assistente van de tandarts binnen. 'De tandarts is plotseling ziek geworden,' zegt <u>ze</u>, '<u>hij</u> kan nu niemand behandelen. U krijgt allemaal een nieuwe afspraak.' <u>Die</u> is voor Thomas pas over
10 twee maanden. <u>Hij</u> vindt het niet zo erg, want hij is toch altijd een beetje bang bij de tandarts. 'Wens de tandarts beterschap,' zegt <u>hij</u> 'en doe <u>hem</u> de groeten van <u>mij</u>.'

**Voorbeeld**

| 2 | die: | *zeven mensen* |
|---|------|----------------|

| 2 | hem: | _____ |
|----|------|--------|
| 3 | zijn: | _____ |
| 3 | hem: | _____ |
| 4 | zijn: | _____ |
| 5 | mij: | _____ |
| 6 | hij: | _____ |
| 6 | ze: | _____ |
| 8 | ze: | _____ |
| 8 | hij: | _____ |
| 9 | Die: | _____ |
| 10 | Hij: | _____ |
| 11 | hij: | _____ |
| 11 | hem: | _____ |
| 12 | mij: | _____ |

## Oefening 4

Hier volgt een deel van een gesprek.
Twee mensen praten samen over hun vrienden Thomas en Tim.
Thomas en Tim hebben pas een auto gekocht.

Ik heb tegen **Thomas** gezegd: 'Koop **die auto** niet!'
Maar **Thomas** luisterde niet.
Tim luistert ook slecht, maar **Thomas** luistert echt nooit!
En nu hebben **Thomas en Tim die auto** dus toch gekocht.

En?

Nou, na één week deed **de auto** het niet meer.
Nu staat **de auto** voor de deur en **Thomas en Tim** gaan weer met de bus.

Wat erg voor **Thomas en Tim**.
Ik hoop dat ze **de auto** weer kunnen verkopen.

Zo'n tekst is vervelend, omdat sommige woorden zo vaak herhaald worden. Hieronder staat de tekst nog een keer. Bekijk in welke gevallen je een pronomen kunt gebruiken. Soms moet je een woord wel herhalen, omdat de zin anders niet duidelijk is.

Ik heb tegen Thomas gezegd: 'Koop die auto niet!'
Maar _____ luistert niet.
Tim luistert ook slecht, maar _____ luistert echt nooit!
En nu hebben _____ _____ dus toch gekocht.

En?

Nou, na één week deed _____ het niet meer.
Nu staat _____ voor de deur en gaan _____ weer met de bus.

Wat erg voor _____.
Ik hoop dat ze _____ weer kunnen verkopen.

## Oefening 5
Vul de juiste pronomina in: hij – hem – die – dat – enzovoort.

Sarah verandert haar huiskamer en Tim helpt *haar*.
Als ze klaar zijn, zal Sarah voor *hem* koken.

| | |
|---|---|
| Sarah: | Ik wil deze tafel op een andere plaats, want _____ staat in een te donkere hoek van de kamer. Bovendien loop ik vaak tegen de stoelen aan, omdat _____ midden in de kamer staan. Ik zou _____ graag in die hoek van de kamer willen, want daar wordt minder gelopen. |
| Tim: | Waar wil je die kast dan hebben? |
| Sarah: | Zet _____ maar even in de gang; dan zullen we later wel zien waar we _____ kunnen zetten. Help me even deze grote plant te verplaatsen. |
| Tim: | Wat een enorme plant! Waar wil je _____ hebben? |
| Sarah: | Ik wil _____ ook dicht bij het raam hebben, want _____ heeft veel licht nodig. Ik heb _____ van mijn ouders gekregen. |
| Tim: | Hoe gaat het eigenlijk met _____ ouders? |
| Sarah: | Met mijn vader gaat het goed. _____ is sinds twee jaar met pensioen. Mijn moeder is ernstig ziek geweest, maar nu gaat het met _____ gelukkig ook al weer beter. |
| Tim: | Ik heb je ouders lang niet gesproken, doe _____ maar de groeten als je _____ ziet. |
| Sarah: | Dat zal ik doen. Zullen we nu die plant verplaatsen? |
| Tim: | Oké. |

# Preposities en woordgroepen

## Oefening 1
Verdeel de volgende zinnen in delen zoals in de voorbeeldzin.

**Voorbeeld**

Met veel aandacht / luisteren / de leerlingen / naar de docent.

1   De leraar herhaalt de moeilijke vraag.
2   Van maandag tot en met vrijdag studeer ik op de universiteit.
3   Alleen zaterdag en zondag slapen we tot tien uur.
4   Eric en Els vertalen de door de leraar gegeven tekst.
5   Ik ga iedere week naar de film.
6   Mis je je familie erg?
7   Ja, ze zijn heel vaak in mijn gedachten!
8   Er staan veel prachtige bloemen in jullie tuin.
9   In de loop van de cursus leerden de studenten meer woorden.
10  De eerste dag van het nieuwe jaar is in vrijwel elk land een nationale feestdag.

## Oefening 2
Vul de volgende zinnen aan met een woordgroep zodat er goede Nederlandse
zinnen ontstaan.

**Voorbeeld**

_____ eet ik meestal soep.
*Tussen de middag* eet ik meestal soep.

1   De les begint _____.
2   _____ ben ik in Griekenland op vakantie geweest.
3   _____ heb ik gewandeld in de bergen.
4   Het is meestal erg druk _____.
5   _____ heb ik een oude vriend ontmoet.
6   Zij wil _____ beginnen.
7   De tafel staat _____.
8   Tim lust graag _____.
9   Wij verhuizen _____ naar Antwerpen.
10  Heb je het al gehoord? Eric heeft _____ gekocht!

## Oefening 3

Vul het werkwoord in en zet er de juiste prepositie bij. Let op de vorm van de werkwoorden. Als je de prepositie niet meer weet, kun je Bijlage 3 in het theorieboek gebruiken.

| | | |
|---|---|---|
| luisteren | 1 | Ik _____ bijna nooit _____ de radio. |
| houden | 2 | Hij vindt Nederlands eten niet lekker. Hij _____ meer _____ de Italiaanse keuken. |
| kijken | 3 | Eric en Els _____ elke avond _____ het nieuws op CNN. |
| besteden | 4 | _____ jullie wel genoeg tijd _____ het huiswerk? |
| wennen | 5 | Sarah kan maar moeilijk _____ het Nederlandse klimaat _____. Ze wordt depressief van al die regen. |
| zoeken | 6 | Thomas heeft gisteren uren _____ zijn bril _____, maar hij kon hem niet vinden. |
| slagen | 7 | Als je _____ het examen Nederlands als Tweede Taal _____, krijg je een officieel certificaat. |
| beginnen | 8 | We _____ _____ deze oefening en daarna gaan we een luisteroefening doen. |
| kennismaken | 9 | Kun je mij aan jouw broer voorstellen? Ik wil graag _____ hem _____. |
| lijken | 10 | Mijn broer _____ erg _____ onze vader, ik meer op onze moeder. |
| bestaan | 11 | Het parlement _____ _____ de Eerste Kamer en de Tweede Kamer. |
| reageren | 12 | Ik wil graag even _____ _____ wat je hebt gezegd, want ik ben het niet met je eens. |
| lijden | 13 | Miljoenen mensen op de wereld _____ _____ malaria. Die ziekte is echt een groot probleem in veel landen. |
| genieten | 14 | Hij heeft _____ zijn vakantie _____. Hij vond het heerlijk in Portugal. |
| leiden | 15 | Als er in korte tijd veel sneeuw op de wegen valt, _____ dat _____ grote problemen voor het verkeer. Er gebeuren dan vaak ongelukken. |

## Oefening 4    Spreekoefening

Werk in tweetallen. Gebruik de tekeningen van een keuken (kopieerblad A6.3).
Cursist A neemt tekening A en cursist B neemt tekening B.
Op tekening A staan er allerlei dingen in de keuken, maar de keuken op tekening B is leeg. Cursist B stelt vragen aan cursist A zoals: 'Wat staat er op de tafel?' Cursist A geeft alle informatie. Cursist B tekent alles op de juiste plaats in de tekening. Als jullie klaar zijn, vergelijken jullie de tekeningen met elkaar. De tekeningen moeten er nu ongeveer hetzelfde uitzien.

# 7 De hoofdzin

## Oefening 1

Kijk naar de volgende zinnen.
1 Eric begint volgend jaar met zijn studie.
2 Vorig jaar wilde Tim met zijn studie beginnen.
3 Tim wil dit jaar met zijn studie beginnen.
4 Sarah studeert psychologie aan de Universiteit van Amsterdam.
5 Deze bloemen heb ik voor jou gekocht.
6 Bij de Hema kun je allerlei verschillende dingen kopen.

1 Geef de persoonsvorm met een ☐ aan. Op welke plaats staat de persoons-

vorm steeds?

---
**1**
De persoonsvorm staat op de _____ plaats in de zin.

---

2 Geef in iedere zin het subject met een ‿‿‿‿‿ aan. Waar kan het subject staan?

---
**2**
Het subject staat _____ plaats in de zin.

---

3 Geef de infinitief met ∘∘∘∘∘∘∘∘ aan als er een infinitief in de zin staat. Geef het

deelwoord met _____ aan als er een deelwoord in de zin staat. Waar in de zin

staan de infinitief en het deelwoord?

---
**3**
De infinitief en het deelwoord staan _____ plaats in de zin.

---

## Oefening 2

Zet de woordgroepen in de juiste volgorde. Begin met de woorden die al bij de antwoorden staan.

1  erg gezellig / het feest na de cursus / is / meestal

   Het feest _____.

2  naar mijn zus / 's middags / geweest / zijn / we

   's Middags _____.

3  ga / in het weekend / goed / mijn huis / schoonmaken / ik

   In het weekend _____.

4  geleerd / sinds het begin van de cursus / veel woorden / ik / heb / al

   Sinds _____.

5  allerlei plannen / de overheid / voor meer werk / ontwikkelt

   De overheid _____.

6  gaan / alle studenten / tijdens de pauze / naar de kantine

   Tijdens _____.

7  in de bus en trein / mag / roken / je / niet

   In de _____.

8  vindt / de door mij klaargemaakte soep / Abdelhafid / lekker

   Abdelhafid _____.

9  het grote brood / met het scherpe mes / snijdt / de dikke man

   Met het _____.

10 om te eten / we / naar huis / tussen de middag / gaan

   Tussen de _____.

## Oefening 3
Schrijf de zinnen in het schema.

1 Els en Eric beginnen te lachen, want Sarah vertelt een grapje.
2 De cursisten volgen hier eerst een cursus of ze doen direct examen.
3 Vroeger stierven mensen jong, maar nu worden mensen veel ouder.
4 Sinaasappels schijnen gezond te zijn en daarom eet ik er twee per dag.
5 Ik word gek van dit leven, dus ga ik een wereldreis maken.

```
                          ┌──── zin ────┐
                    ←──────            ──────→

        hoofdzin          woord dat de          hoofdzin
                          twee hoofdzinnen
                             verbindt
```

**Voorbeeld**

1 *Eric en Els* [beginnen] *te lachen*     *want*     *Sarah* [vertelt] *een grapje.*

2 _____     _____     _____

3 _____     _____     _____

4 _____     _____     _____

5 _____     _____     _____

1 Geef bij de zinnen in de eerste kolom de persoonsvorm met een ☐ en het subject met ⌇⌇⌇ aan. Doe hetzelfde met de zinnen in de derde kolom.

2 Kijk naar regel 1 van oefening 1. Geldt die regel ook voor de zinnen in de eerste en in de derde kolom van deze oefening? ja/nee

3 Kijk naar regel 2 van oefening 1. Geldt die regel ook voor de zinnen in de eerste en derde kolom van deze oefening? ja/nee

## Oefening 4
Zet de woordgroepen in de juiste volgorde. Begin met het woord dat al bij de antwoorden staat.

1   is / te koud / volgens mijn vriend / het Nederlandse klimaat

    Volgens _____.

2   ik / op dit moment / een cursus Nederlands / volg

    Op _____.

3   gisteren / Abdelhafid / aan al zijn vrienden / gestuurd / een e-mail / heeft

    Abdelhafid _____.

4   zal / waarschuwen / je / ik / bij de halte 'Museumplein'

    Bij _____.

5   gekeken / we / naar het nieuws / hebben / gisteravond

    We _____.

6  meer geld / heel graag / ik / hebben / wil

Ik _____.

7  je / krijgen / informatie over verschillende studies / bij de studentendecanen / kun

Bij _____.

8  ik / na de film / genomen / de trein naar huis / heb

Na _____.

9  kunnen / vertrekken / wat mij betreft / over een uur / we

Wat _____.

10  zit / te praten / Eric / de hele tijd

Eric _____.

11  opgestaan / vanochtend / Els en Thomas / zijn / op tijd / vanwege het mooie weer

Vanwege _____.

12  heeft / vorige week / gezegd / de minister-president / iets vreemds

Vorige week _____.

## Oefening 5
Bekijk het schema. Maak de zinnen onder het schema compleet.

|                              | Tim | Sarah | Eric | Els | Abdelhafid | Thomas |
|------------------------------|-----|-------|------|-----|------------|--------|
| Spreekt alleen Nederlands    |     |       |      | X   |            |        |
| Spreekt ook een andere taal  | X   | X     | X    |     | X          | X      |
| Houdt van voetballen         |     |       |      | X   | X          | X      |
| Speelt gitaar                | X   |       | X    |     |            | X      |
| Zwemt                        |     | X     |      |     | X          |        |
| Volgt een cursus Nederlandse taal | X | X |      | X   |            |        |

**Voorbeeld**

Abdelhafid spreekt Nederlands en Frans, maar Els *spreekt alleen Nederlands.*

1  Tim, Eric en Thomas spelen in een muziekgroep, want ze _____.

2  Els spreekt geen Frans, dus Abdelhafid _____.

3  Sarah heeft het altijd erg druk. Ze zwemt vijf keer per week en _____.

4  Thomas weet nog niet wat hij vanavond gaat doen. Hij kan naar de voetbalwed-

strijd op televisie gaan kijken of _____.

5  Abdelhafid is nogal sportief, want _____.

6  Thomas houdt van voetballen, maar _____.

7 Abdelhafid doet niet graag dingen alleen. Hij voetbalt samen met Els en Thomas

en met _____.

8 Els kijkt naar iedere voetbalwedstrijd op televisie, want _____.

9 Eric besteedt al zijn tijd aan twee dingen. Hij maakt zijn huiswerk voor de cursus

Nederlands of _____.

## Oefening 6    Spreekoefening

*Ganzenbord*
Gebruik de afbeelding van het Ganzenbord (kopieerblad A7.6).
Je speelt het spel met twee of drie andere cursisten.
Iedereen krijgt van de docent een gekleurde pion.
Je begint bij het eerste vakje: START.
Om de beurt gooi je met de dobbelsteen. Je gaat net zoveel plaatsen vooruit als je
met de dobbelsteen hebt gegooid. Op het vakje waar je dan staat, staat een woord.
Je maakt een goede zin die begint met dat woord. De andere cursisten zeggen of de
zin goed of fout is. Als je het niet zeker weet, vraag je het aan de docent.
Als de zin niet goed is, moet je vijf plaatsen terug in het spel.
Als de zin goed is, gooit de volgende student.

Wie het eerst bij EINDE is, heeft gewonnen.

Let op:    Alle zinnen moeten een subject hebben.
De persoonsvorm moet op de tweede plaats staan.
Je moet de goede werkwoordstijd gebruiken (presens, imperfectum of
perfectum).

Je hoeft niets op te schrijven.

**Voorbeeld**

Eric begint. Hij gooit 1. In het vakje staat: 'Tussen de middag'. Eric maakt een zin:
'Tussen de middag eet ik een boterham in de kantine.'
Die zin is goed. De volgende student gooit nu. Enzovoort.

## Oefening 1

Geef in de zinnen aan:

– de persoonsvorm met [    ]

– het subject met ﹏﹏﹏

– deelwoord met - - - - -

– infinitief met °°°°°°°°°

1  Waar woon je?
2  Uit welk land komen Thomas en Eric?
3  Hoe heet de docent?
4  Wanneer zijn jullie naar Nederland gekomen?
5  Wat ga je na de cursus Nederlands doen?
6  Met wie hebben ze gisteren gesproken?
7  Hoe laat gaan de kinderen naar school?
8  Welk boek moeten de cursisten kopen?
9  Wanneer komt Abdelhafid thuis?
10 Waarom wil je Nederlands leren?

In hoofdstuk 7 staan de volgende regels:
1 de persoonsvorm staat op de tweede plaats;
2 het subject staat direct voor of direct achter de persoonsvorm;
3 alle andere werkwoorden staan meestal helemaal achteraan.

Gelden deze regels ook voor zinnen met een vraagwoord?
Regel 1: Ja / Nee
Regel 2: Ja / Nee
Regel 3: Ja / Nee

Als een antwoord nee is, wat is dan de goede regel voor de vraagzin met vraagwoord?

_____

## Oefening 2

Bedenk vragen bij de volgende antwoorden.

1 _____

Omdat ik op dit moment geen geld heb.

2 _____

Ja, ik voetbal twee keer per week.

3 _____

In Rotterdam.

4 _____

Ik verdien ongeveer 1.400 euro per maand.

5 _____

Thomas gaat, geloof ik, volgende week op vakantie.

6 _____

Sarah.

7 _____

Een cola, graag!

8 _____

Ik houd het meest van spinazie.

9 _____

Nee, dat lijkt mij helemaal geen goed idee.

10 _____

Ik ben 1.65 meter lang.

## Oefening 3

Hieronder staat een minibiografie van Sarah Brunelli. De biografie is niet helemaal compleet. Probeer hem compleet te maken. Je krijgt van de docent één gegeven over Sarah, kopieerblad A8.3. De andere cursisten krijgen ook één gegeven over haar. Door elkaar vragen te stellen is het mogelijk om de biografie compleet te maken. Stel aan elke cursist slechts drie vragen.

**Voorbeeld**

Waar komt Sarah Brunelli vandaan?
Wat voor werk heeft Sarah Brunelli?

Korte beschrijving van Sarah Brunelli
Sarah Brunelli komt uit _____.
Ze is geboren in _____.
In haar eigen land heeft ze _____ gestudeerd.
In het jaar _____ is ze naar Nederland gekomen, omdat _____.
Ze woont met haar man in _____.
Ze heeft _____ kinderen.
De oudste is _____ jaar oud.
Sarah werkt als _____ bij een klein bedrijf in Den Haag.
Meestal gaat ze met de _____ naar haar werk.
Haar man werkt thuis, hij is _____.
Sarah zwemt altijd samen met _____.

## Oefening 4

– Bespreek in een groepje van drie welke bekende persoon je graag zou willen interviewen. Maak vervolgens tien vragen die je zou willen stellen.
– Bespreek met elkaar welke antwoorden de bekende persoon zou geven.

# 9 Bijzinnen en conjuncties

## Oefening 1

|  | zin | |
| --- | --- | --- |
| hoofdzin | conjunctie | bijzin |
| Sarah kijkt televisie | terwijl | Tim het eten kookt. |
| Gisteren bleef Tim thuis | omdat | hij ziek was. |
| Je moet veel geld hebben | als | je een huis wilt kopen. |
| Hij geniet van zijn leven | sinds | hij met pensioen is. |
| Thomas begon hard te lachen | toen | Eric een mop vertelde. |

a Kijk naar de bijzinnen.

Zet een ☐ rond alle persoonsvormen.

Zet een ∿∿∿∿ onder de subjecten.

Zet een ∘∘∘∘∘∘∘∘ onder de infinitief.

Zet een ------ onder het deelwoord.

b In de bijzinnen:

– Na welk woord staat het subject? Na _____.

– Waar staat de persoonsvorm? _____

– Waar staan de andere werkwoorden? _____

Kort geformuleerd:

In de bijzin:

– staat het subject na _____.

– staan alle werkwoorden _____.

## Oefening 2

– Onderstreep in de zinnen de conjuncties.

– Schrijf onder de zinnen wat de hoofdzin is en wat de bijzin is.

– Zet een ☐ rond de persoonsvorm, een ﹏﹏ onder het subject, een ∘∘∘∘∘ onder de infinitief en een ‒‒‒‒ onder het deelwoord.

**Voorbeeld**

Nadat we in Zwitserland waren geweest, zijn we nog naar Italië gegaan.

*bijzin*　　　　　　　　　　　　　　　　　*hoofdzin*

1　Omdat veel mensen Engels spreken, is Engels een belangrijk taal.

2　Els heeft bij haar ouders gewoond, totdat ze met Tim trouwde.

3　Toen hij nog in Marokko woonde, woonde hij bij zijn opa en oma.

4　Sinds hij die leuke baan heeft, is hij heel gelukkig.

5　Abdelhafid is naar Nederland gekomen, omdat zijn familie hier woont.

6　Terwijl veel mensen op vakantie waren, heb ik nog een cursus gedaan.

7　Tim gaat zondag mee naar het museum, als hij genoeg tijd heeft.

8　Doordat de trein tien minuten te laat kwam, was Els te laat op de les.

9　Als hij de cursus Nederlands gedaan heeft, gaat hij Economie studeren.

10　Ik weet niet zeker of die cursus precies drie maanden duurt.

## Oefening 3

Welke conjunctie is goed?

1　**Hoewel / Wanneer** het donker wordt, gaan op straat de lichten aan.
2　Tim is naar de universiteit gegaan **nadat / voordat** hij de middelbare school had afgemaakt.
3　**Hoewel / Maar** hij niet hard gestudeerd heeft, is hij toch voor het examen geslaagd.
4　Sarah kon de tekst niet lezen, **want / omdat** ze haar boek kwijt was.
5　Ik denk **dat / of** Abdelhafid vandaag niet naar de les komt.
6　We kunnen dat huis niet kopen, **sinds / omdat** het te duur voor ons is.
7　**Wanneer / Toen** we op vakantie waren, heeft Tim in ons huis gewoond.
8　Hij vroeg **dat / of** we bij hem wilden komen eten.
9　**Omdat / Als** je vanavond mee naar de film wilt, moet je om acht uur bij de bioscoop zijn.
10　**Terwijl / Toen** ik deze oefening maak, zitten de andere cursisten koffie te drinken.

## Oefening 4

Maak zelf zinnen met de gegeven woorden. Je mag meer woorden gebruiken dan er staan. Let op de goede vorm van de werkwoorden.

<u>**Voorbeeld**</u>

In Amsterdam – wonen – omdat – studeren – daar
*Ik wil in Amsterdam wonen omdat ik daar studeer.*

1 naar Amerika – gaan – als – hebben – geld

2 terwijl – studenten – de oefening – maken – de docent – de krant – lezen

3 tevreden – zijn – sinds – in een mooi huis – wonen

4 hoewel – hard – studeren – niet – voor het examen – slagen

5 toen – een kind – zijn – in Turkije – wonen

## Oefening 5

Maak de volgende zinnen af.

1  Abdelhafid gaat naar huis, omdat _____.

2  Ik ga met jullie mee als _____.

3  Tim zei dat _____.

4  Toen _____, was Sarah heel blij.

5  Wanneer deze cursus afgelopen is, _____.

6  Sinds hij in Amsterdam woont, _____.

7  Ik vroeg hem of _____.

8  Hij gaat op vakantie naar Griekenland nadat _____.

9  Terwijl _____, zat Els in de bibliotheek te studeren.

10 Als ik klaar ben met deze cursus, _____.

## Oefening 6
Lees de volgende brief door.

Lieve ....,

Ik heb je brief ontvangen. Je schrijft dat je het volgend weekend niet kunt komen omdat je het zo druk hebt.
Wat moet je dan allemaal doen? Ik vind het heel jammer dat je niet komt, want we hebben elkaar al zolang niet gezien.
Vorig weekend ben je ook al niet geweest. Dat was jammer, want we zijn met z'n allen uit eten geweest.
We hebben je gemist.
Ik hoop dat je het binnenkort wat rustiger krijgt. Vergeet je broertje niet! Schrijf me eens een briefje terug.

Liefs,

je broertje

Je hebt de bovenstaande brief van je broer ontvangen. Schrijf hem een antwoord. Leg hem uit waarom je volgend weekend niet kunt komen en waarom je het vorige weekend niet kon komen. Gebruik daarbij de volgende informatie:

*Vorig weekend:*

| | |
|---|---|
| komen | onverwacht vrienden |
| koken | lekker eten (veel tijd, gezellig) |
| helpen | zieke vriend (boodschappen doen, huis een beetje schoonmaken, enzovoort) |
| schrijven | brieven (naar vrienden in New York, uren mee bezig, in het Engels schrijven = niet makkelijk) |
| gaan | naar een feestje van studiegenoten (gezellig, maar laat!) |
| maken | huiswerk (veel: woorden leren, teksten herhalen, nieuwe teksten lezen, enzovoort) |

*Volgend weekend:*

| | |
|---|---|
| moeten | het huis schoonmaken |
| van plan zijn | een brief schrijven aan vriend (gaat trouwen) |
| willen | een documentaire zien op de televisie |
| gaan/proberen | ouders opbellen |
| moeten | een tekst schrijven |
| kunnen | computer lenen van een vriend (handig voor het schrijven van de tekst) |
| willen | eindelijk eens een weekendje thuisblijven |

## Oefening 1

– Onderstreep alle werkwoorden in de volgende zinnen.
– Schrijf 'te' voor de infinitieven als dat nodig is.

1 Eric wil volgend jaar een nieuwe auto kopen.
2 Zullen we vanavond naar de film gaan?
3 Waar is Abdelhafid? Die staat buiten een sigaret roken.
4 Sarah probeert een boek in het Nederlands lezen.
5 Kunt u mij vertellen waar ik het Rijksmuseum kan vinden?
6 Deze woorden hoef je niet leren.
7 Jullie moeten in september een toets doen.
8 Tim gaat elke dag zwemmen.
9 Toen Eric een grapje maakte, begon iedereen hard lachen.
10 Lies zit in de kantine met een paar vriendinnen praten.
11 Ik zal je vanavond proberen bellen.
12 Wanneer kunnen jullie bij mij komen eten?
13 In deze straat mag je je auto niet parkeren.
14 Zie je die jongen daar lopen? Dat is mijn broer.
15 Vergeet niet die brief posten!

## Oefening 2

Maak nieuwe zinnen en gebruik het werkwoord dat achter de zin staat. Let op het gebruik van 'te'.

**Voorbeeld**

Ik leer veel nieuwe woorden. (willen)
*Ik wil veel nieuwe woorden leren.*

gaan    1 Tim studeert vanavond in de bibliotheek.

moeten    2 Ik wachtte lang op de trein naar Rotterdam.

proberen    3 Sarah schrijft een brief in het Frans.

weigeren    4 De minister gaf antwoord op de vraag van de journalist.

zullen       5 Gaan we vanavond in een restaurant eten?

_____

zitten       6 Meestal drinken we om elf uur koffie.

_____

komen        7 Wanneer kijk je naar mijn nieuwe woning?

_____

kunnen       8 Thomas spreekt redelijk Nederlands, maar hij schrijft minder goed.
(2x)

_____

## Oefening 3    Spreekoefening

Denk na over de volgende vragen. Werk in groepjes, stel elkaar de vragen en probeer mondeling een antwoord te geven. Let op het gebruik van infinitieven en 'te' en corrigeer elkaar. Je hoeft niets op te schrijven. Dit is een spreekoefening.

1 Wat ga jij morgen doen?
  Morgen ga ik ...
2 Hoeveel uur kun jij per dag studeren?
  Ik kan ...
3 Wat vergeet je vaak te doen?
  Ik vergeet ...
4 Waar wil jij het liefst wonen?
  Ik wil ...
5 Wat moet je doen om snel een taal te leren?
  Je moet ...
6 Met wie probeer je soms Nederlands te spreken?
  Ik probeer ...
7 Waar zit je meestal je huiswerk te maken?
  Meestal zit ik ...

## Oefening 4

a Werk in groepjes van twee of drie. Je krijgt een lijstje met namen van plaatsen, opdrachtblad A10.4. Bedenk bij elke plaats waarom je daar naartoe gaat. Maak minstens één zin zonder de naam van de plaats te noemen.

**Voorbeeld 1** _____

een bank
Je gaat er naartoe **om** geld **te halen**.

_____

**Voorbeeld 2** _____

Amsterdam
Je gaat er naartoe **om** de grachten **te zien**.
Je gaat er naartoe **om** een rondvaart **te maken**.

_____

b Elk groepje leest zijn zinnen. De andere cursisten moeten raden welke plaats bedoeld wordt.

# 11 Het reflexieve werkwoord en het scheidbare werkwoord

## Oefening 1

Lees de volgende zinnen goed.

1 Nu herinner ik **me** dat mijn opa altijd liedjes voor me zong.
2 Het doet **zich** wel eens voor dat een docent ziek is.
3 De studenten verbazen **zich** erover hoe makkelijk het Nederlands in feite is.
4 Soms moet je **je** afvragen of het wel goed is wat je doet.
5 Abdelhafid gaf mij een hand toen hij **zich** voorstelde.
6 Ik weet dat dit land **zich** in een hoog tempo ontwikkelt.
7 Ik kan nu niet sporten omdat ik **me** ziek voel.

Waar staat het reflexief pronomen?

_____ of _____.

## Oefening 2

Vul het reflexieve werkwoord in de zin in. Let op de plaats en de vorm van het reflexieve pronomen. Verander ook de vorm van het werkwoord als dat nodig is.

**Voorbeeld**

Ik vind het 's ochtends zo vreselijk als ik op moet staan. Dan denk ik aan alle dingen die ik moet doen voordat ik eindelijk op school zit.

zich voelen      Ik *voel me* dan al moe voordat ik maar iets gedaan heb.

| | |
|---|---|
| zich wassen | Eerst moet ik _____. Meestal ben ik vergeten een handdoek in de |
| zich afdrogen | badkamer klaar te leggen, zodat ik _____ niet kan _____. |
| zich verbazen | Mijn vriend _____ er altijd over hoe ik zo vergeetachtig kan |
| zich afvragen | zijn. Hij zei laatst dat hij _____ of die vergeetachtigheid in de |
| | familie zit. Mijn moeder is immers ook zo. |
| | Maar ach, hij begrijpt me gewoon niet. Mijn probleem is niet |
| | vergeetachtigheid, maar ik haat de ochtenden. |
| zich voorstellen | En dat is iets wat hij _____ niet kan _____. |
| zich aankleden | Enfin, eindelijk ga ik _____ en maak dan het ontbijt klaar. Daar |
| | ben ik wel een halfuur mee bezig. Vroeger deed ik daar wel een |
| zich herinneren | uur over, volgens mijn vriend. Die schijnt _____ dat beter te |
| | kunnen _____ dan ik. |
| | Volgens mij ben ik nooit zó langzaam geweest. Ik word eigenlijk |
| | een beetje boos als hij dat soort dingen zegt. Ik heb 's ochtends |
| | ook zoveel tijd nodig omdat hij nooit het ontbijt |
| zich herinneren | klaarmaakt. Ik vroeg hem laatst: '_____ jij _____ dat je ooit |
| | één keer het ontbijt hebt klaargemaakt?' |
| zich herinneren | Nee, natuurlijk kon hij _____ dat niet _____! |
| | Na het ontbijt poets ik m'n tanden, kam mijn haar en trek m'n jas |
| | aan. Eindelijk klaar! |
| zich voelen | Op dat moment begin ik _____ vrolijker te _____. Nu begint |
| | mijn dag pas echt. |

## Oefening 3

a Onderstreep de scheidbare werkwoorden in de volgende zinnen.

1 Tim belt Sarah op.
2 Bij psychologie nam het aantal studenten vorig jaar toe.
3 Tim heeft Sarah net opgebeld.
4 Het aantal studenten bij psychologie is enorm toegenomen.
5 Tim probeert Sarah vaak op te bellen.
6 De werkloosheid lijkt toe te nemen.
7 Tim moet Sarah nu eens opbellen.
8 De bevolking zal toenemen.
9 Toen Tim Sarah opbelde, zei ze dat ze geen zin had om met hem te praten.
10 Als de werkloosheid toeneemt, is dat slecht voor de economie.

b Wanneer scheid je een scheidbaar werkwoord? Geef de regel.

Je scheidt een scheidbaar werkwoord

1 _____ (zin 1 en 2)

2 _____ (zin 3 en 4)

3 _____ (zin 5 en 6)

Wanneer scheid je een scheidbaar werkwoord niet? Geef de regel.

Je scheidt een scheidbaar werkwoord niet

1 _____ (zin 7 en 8)

2 _____ (zin 9 en 10)

## Oefening 4

Zoek de delen bij elkaar zodat er scheidbare werkwoorden ontstaan. Schrijf alleen scheidbare werkwoorden op die je kent.

**Voorbeeld**

op + eten = opeten

| | |
|---|---|
| op | halen |
| kennis | bellen |
| af | maken |
| uit | gaan |
| aan | eten |
| toe | doen |
| door | stellen |
| voor | zetten |
| dicht | houden |
| mee | nemen |
| vast | komen |
| | lopen |
| | leggen |
| | liggen |

## Oefening 5

Vul het scheidbare werkwoord in de zin in en verander de vorm als dat nodig is.

| | | |
|---|---|---|
| voorstellen | 1 | Ik wil je graag aan mijn vriend _____. |
| opeten | 2 | Ik _____ mijn boterhammen altijd in de kantine _____. |
| aankomen | 3 | Weet u hoe laat de trein uit Parijs _____? |
| weggaan | 4 | Kom jongens, opschieten. We _____ nu _____. |
| uitleggen | 5 | De docent probeert de grammatica geduldig _____. |
| afmaken | 6 | Jullie moeten deze oefeningen nu _____. |
| opzoeken | 7 | Ik heb dat woord in het woordenboek _____. |
| dichtdoen | 8 | _____ jij even de deur _____? |
| nadenken | 9 | Ik heb er lang over _____, maar nu heb ik een beslissing genomen. |
| meenemen | 10 | Je hoeft niet elke dag alle lesboeken _____. |

## Oefening 6

Vul het werkwoord in de zin in en verander de vorm als dat nodig is.

**Voorbeeld**

aannemen    De Tweede Kamer zal die nieuwe wet
            *De Tweede Kamer zal die nieuwe wet aannemen.*

ophouden    1   Je moet nu eens

doorgaan    2   Nu ik eindelijk eens met mijn werk

opzoeken    3   In de vakantie heb ik al mijn vrienden

toenemen    4   Het financieringstekort is het afgelopen jaar

plaatsvinden 5  De lessen in dat nieuwe gebouw

uitleggen   6   Wil je dat nog een keer?

uitgaan,    7   Als ik, ik meestal mijn mooiste kleren
aandoen

voorkomen   8   Het vaak dat het in Nederland regent

nadenken    9   Stil nu toch. Ik probeer te

meebrengen 10 Ik heb bonbons voor je

_____

aanstaan 11 Als je langs de huizen loopt, zie je dat bijna overal de televisie

_____

oplossen 12 Eindelijk zijn al mijn problemen

_____

opstaan 13 Thomas komt bijna iedere dag te laat op de les, omdat hij altijd veel te laat

_____

## Oefening 7 Spreekoefening

Werk in tweetallen. Ieder krijgt van de docent een tabel die niet compleet is (opdrachtblad A11.7). Maak de tabel compleet door elkaar om de beurt een vraag te stellen. Soms moet je vragen **wat** iemand gedaan heeft en soms moet je vragen **wanneer** iemand iets gedaan heeft.

**Voorbeeld**

Cursist A vraagt: **Wanneer** doet Thomas de tv aan?
Cursist B antwoordt: **Gisteren** deed Thomas de tv aan.
Vervolgens vraagt B: **Wanneer** at Thomas zijn ontbijt op?

A antwoordt: _____

## Oefening 1

In de volgende tekst zijn de relatieve bijzinnen onderstreept. Bij welk woord hoort de relatieve bijzin?
Zet een streep onder dat woord.

<u>Voorbeeld</u>

Op de Dam in Amsterdam staat soms een man, die gitaar speelt.

**Een geluk bij een ongeluk**

1  Sinds tien jaar woont Sarah nu in de mooiste stad van Nederland.
   Ze woont in een huis dat aan een gracht ligt.
2  Vlak bij haar huis stopt een tram, waarmee ze iedere dag naar de universiteit gaat.
3  Ook stopt er op de hoek van de straat een bus die naar het Centraal Station rijdt.
4  Sarah houdt van deze stad. Vanuit haar woning heeft ze een prachtig uitzicht over het water. Ze kan ook de kerktorens zien die ver boven de daken uitsteken.
5  'Hoe heb jij deze mooie woning toch gevonden?' vragen haar vrienden die natuurlijk vreselijk jaloers op haar zijn.
6  Vooral haar vriend Thomas, die zijn hele leven al in Amsterdam woont, was in het begin erg verbaasd.
7  'Dit is het huis waarnaar ik al mijn hele leven op zoek ben,' riep hij laatst uit. 'Hoe ben je eraan gekomen?'
8  'Ik heb geluk gehad,' vertelt Sarah aan iedereen die het maar horen wil.
9  'Ik was twee dagen in Amsterdam toen ik verliefd op een man werd die makelaar bleek te zijn.
10 Binnen een week had hij een woning voor me gevonden die midden in het centrum lag.
   De verliefdheid is over, maar de woning heb ik gelukkig nog steeds.'

## Oefening 2

Vul de volgende relatieve bijzinnen in de tien zinnen in die erna staan. Soms zijn er verschillende mogelijkheden.

**Voorbeeld**

De trein stopt niet in Haarlem. – waarin we zitten -
De trein *waarin we zitten*, stopt niet in Haarlem.

waarmee ik altijd naar mijn werk kom
die morgen jarig is
die ik gisteren in de bioscoop heb gezien
waarop Eric en Tessa zitten
met wie ik op vakantie ga
die verstand heeft van computers
waar ze mango's verkopen
die ik gisteren bij u gekocht heb
met wie Tim staat te praten
dat daar ligt

1 De radio doet het helemaal niet!

2 De bus vertrekt soms tien minuten te laat.

3 Ik ga even bloemen kopen voor een vriendin.

4 De bank is bijna kapot.

5 Is het tijdschrift van u?

6 Zie je dat meisje? Dat is nou Sarah.

7 Ik zal je voorstellen aan de mensen.

8 Weet jij een winkel?

9 Is er iemand in deze zaal?

10 De film komt volgende maand op de Nederlandse televisie.

## Oefening 3

Vul een relatief pronomen in, bijvoorbeeld: die – dat – waarop – waarin – met wie.

**Voorbeeld**

We hebben een auto _____ al dertien jaar oud is!
We hebben een auto *die* al dertien jaar oud is!

1  Heb jij die film gezien _____ vorig jaar zes Oscars heeft gekregen?
2  Kun jij even het boek pakken _____ daar ligt?
3  Ik heb heel veel geleerd op de cursus _____ ik gevolgd heb.
4  Wie is die man _____ jij vanmorgen stond te praten?
5  Kijk, dat is de school _____ ik vroeger _____ zat.
6  In het land _____ mijn man is geboren, is het 's winters veel kouder dan in Nederland.
7  Eric heeft veel contact met de buren _____ naast hem wonen.
8  Ik vind de man _____ zij getrouwd is, helemaal niet bij haar passen.
9  Weet jij hoe zo'n ding heet _____ je de vloer kunt schoonmaken?
10 Hij heeft het huis _____ hij vijf jaar geleden 150 000 euro had betaald, nu verkocht voor 300 000 euro!

## Oefening 4

Maak de zinnen af.

**Voorbeeld**

Hoe laat kom je vanavond?
Kun je me zeggen _____?
Kun je me zeggen *hoe laat je vanavond komt*?

1  Waar is het Centraal Station?

   Ik weet niet _____.

2  Ik moet naar het Slotervaartziekenhuis.
   Bij welke halte moet ik uitstappen?

   Kunt u me zeggen _____?

3  Hoe werkt dit apparaat?

   Hij heeft me uitgelegd _____.

4  Hoe moet ik dit formulier invullen?

   Ik heb geen idee _____.

5  Wie heeft je bij het schrijven van deze brief geholpen?

   Vertel me eens _____.

6  Wanneer zijn er in Nederland weer verkiezingen?

   Jij weet vast wel _____.

7  Wanneer is de bibliotheek geopend?

   Ik zou graag willen weten _____.

8   Waar kan ik tweedehands fietsen kopen?

    Weet u misschien _____?

9   Aan wie heb ik mijn woordenboek uitgeleend?

    Ik ben vergeten _____.

10  Wat eten we vanavond?

    Ik weet nog niet _____.

## Oefening 5

Werk samen met drie of vier andere cursisten. Elk groepje krijgt van de docent een
lijstje met vier substantieven (opdrachtblad A12.5). Schrijf samen op een stuk
papier definities van deze substantieven. Het substantief mag er echter *niet* bijge-
schreven worden.

Op je lijstje staat bijvoorbeeld:

| |
|---|
| een videocamera |
| een pen |
| een kapper |
| ... |

Op een apart stuk papier schrijf je dan:

| |
|---|
| een apparaat **waarmee** je kunt filmen |
| een ding **waarmee** je kunt schrijven |
| een persoon **die** je haar knipt |
| ... |

Als iedereen klaar is, geef je het lijstje met definities aan een van de andere groepjes. Elk groepje moet nu bij de definities het juiste substantief raden.

## Oefening 1

Zet een ‿‿‿ onder het subject.

In welke zinnen staat een passiefconstructie? Zet een kruisje (×) voor die zinnen.

**Voorbeeld:**

× Mijn fiets is gestolen!

Mijn fiets stond bij station.

1 De leden van de Tweede Kamer worden direct gekozen.
2 De broer van Lies studeert in Eindhoven.
3 Naast mijn huis wordt een nieuw postkantoor gebouwd.
4 In welk jaar is Kennedy vermoord?
5 Abdelhafid is vorig jaar in Nederland gekomen.
6 Lies is nu al twee keer aan haar been geopereerd.
7 Thomas koopt ongeveer vier boeken per maand.
8 Vroeger werden veel meer producten met de hand gemaakt dan nu.
9 Ik maak meestal mijn eigen eten klaar.
10 Vorig jaar zijn Thomas en Tim in Italië geweest.

## Oefening 2

Vul de juiste vorm van het passsief in.

**Voorbeeld**

| maken | Vroeger _____ veel producten met de hand _____. |
|---|---|
| | Vroeger *werden* veel producten met de hand *gemaakt*. |

| verkopen | 1 | In veel supermarkten _____ ook vers brood _____. |
|---|---|---|
| herhalen | 2 | Veel televisieprogramma's _____ na een paar dagen _____. |
| vertalen | 3 | De boeken van Harry Mulisch _____ in verschillende talen _____. |
| produceren | 4 | In Nederland _____ veel melk _____. |
| bouwen | 5 | In Almere _____ elk jaar duizenden nieuwe woningen _____. |
| brengen | 6 | Noah _____ elke dag door zijn vader met de auto naar school _____. |
| vermoorden | 7 | In welk jaar _____ Martin Luther King _____? |
| opereren | 8 | Ik _____ twee jaar geleden aan mijn voet _____. |
| uitnodigen | 9 | _____ jij ook voor het huwelijksfeest van Alice _____? |
| maken | 10 | Van welk materiaal _____ deze jas _____? |

## Oefening 3

Hieronder staan steeds twee woorden naast elkaar. Maak zinnen met die woorden. Het eerste woord moet steeds het subject zijn. Soms moet je een actieve zin maken, soms een passieve.

**Voorbeeld**

het huiswerk – maken

Zin: *Het huiswerk wordt niet altijd gemaakt.*

of: *Het huiswerk wordt altijd 's middags gemaakt.*

(Maar: 'De studenten maken het huiswerk.' is niet goed, want dan is 'het huiswerk' geen subject.)

1  de Afsluitdijk  – bouwen
2  mijn poes  – doodgaan
3  Lies  – verdienen
4  dit boek  – vertalen in het Engels
5  het eten  – klaarmaken
6  Tessa  – boodschappen doen
7  dit product  – importeren
8  de dokter  – opereren
9  ik  – uitnodigen voor een feest
10  de wereld  – kapotmaken

# B  Bijlagen

## Bijlage 1 — De spelling

### Oefening 1*
Luister naar de docent en vul de juiste letters in.

Ik z *i* t in de klas

| | | | |
|---|---|---|---|
| 1 | m____n | 11 | k____s |
| 2 | m____n | 12 | z____k |
| 3 | b____m | 13 | z____k |
| 4 | b____m | 14 | Die jongen heet L____k. |
| 5 | b____k | 15 | Die jongen heet K____n. |
| 6 | b____k | 16 | v____s |
| 7 | l____d | 17 | v____s |
| 8 | l____d | 18 | h____n |
| 9 | Dat meisje heet M____s. | 19 | h____n |
| 10 | Die jongen heet W____m. | 20 | d____r |

\* Voor de docent:

De dicteewoorden van oefening 1 staan in de Inleiding van het theorieboekje, bij de Informatie bij de

hoofdstukken en de bijlagen.

### Oefening 2
Verdeel de woorden in lettergrepen.
Kijk naar de eerste lettergreep. Is die lettergreep open of gesloten?

Nederland ⟶ *Ne – der – land*
*Ne = open*

| | | | |
|---|---|---|---|
| 1 | spelling | 7 | buren |
| 2 | kinderen | 8 | tegenwoordig |
| 3 | opvoeding | 9 | vergeten |
| 4 | muziek | 10 | feestdag |
| 5 | komen | 11 | liefde |
| 6 | zaterdag | 12 | buurman |

## Oefening 3

Vul de goede vorm van het woord in. Let op: het woord kan een werkwoord, een substantief of een adjectief zijn.

**Voorbeeld**

rood      Ik vind *rode* appels lekkerder dan groene.

| | | |
|---|---|---|
| groot | 1 | Lies is bang voor die _____ hond. |
| maken | 2 | Ik _____ deze oefening in vijf minuten. |
| de man | 3 | _____ zijn meestal langer dan vrouwen. |
| de boom | 4 | Bij mij in de straat staan geen _____. |
| de brief | 5 | Eric schrijft ongeveer vier _____ per week. |
| vergeten | 6 | Ik _____ heel vaak mijn portemonnee. |
| vies | 7 | Ik lust deze _____ maaltijd niet! |
| druk | 8 | Thomas heeft een _____ baan. (de baan) |
| de vriendin | 9 | Sarah en Els zijn goede _____. |
| normaal | 10 | Ken jij eigenlijk _____ mensen? |
| het systeem | 11 | Er zijn veel politieke _____ in de wereld. |
| wit | 12 | Zie je die _____ auto? Die is van mij. |
| leren | 13 | Ik _____ erg veel in deze cursus. |
| het huis | 14 | De _____ in Nederland zijn vaak erg klein. |
| de oorzaak | 15 | Dat probleem heeft verschillende _____. |
| zitten | 16 | Tim _____ altijd op de grond. |
| dromen | 17 | Soms _____ ik van mijn ouders. |

# Sleutel A
# Antwoorden bij de oefeningen

## Hoofdstuk 1    De zin

**Oefening 1**

1   Een jaar heeft twaalf maanden.

2   Morgen ga ik een brief schrijven.

3   Krijgt iedereen elke dag les?

4   Els is een vrouw.

5   De lessen beginnen hier te vroeg.

6   Meestal kom ik met de fiets.

7   In Nederland spreekt men Nederlands.

8   Over twee weken kennen jullie al veel woorden.

9   We drinken een kopje koffie.

10  De docent herhaalt het antwoord.

11  Tim leest een bladzijde uit het boek.

12  Eric leert de nieuwe woorden.

13  Voor Sarah zijn de woorden belangrijker.

14  De betekenis van de woorden kun je in een woordenboek opzoeken.

15  Morgen wil ik graag mijn familie bezoeken.

**Oefening 2**

1   Ik ga boodschappen doen.

2   In deze kamer slaap ik.

3   Abdelhafid en Els zullen op jou wachten.

4   Hoeveel kilometer woon je van je werk?

5   Jullie voeren een interessant gesprek.

6   Die leraar wil zijn vragen nooit herhalen.

7   Vaak zullen de lessen in deze zaal plaatsvinden.

8   In het weekend ga ik brieven schrijven.

9   Wij moeten heel veel woorden onthouden.

10  Die docent spreekt veel te snel. Vind jij dat ook?

**Oefening 3**

Ze wil eigenlijk in Amsterdam wonen. Maar in Amsterdam kan ze geen kamer
vinden. Dat vindt ze jammer, want ze moet nu iedere dag met de trein naar
Amsterdam gaan. Sarah studeert namelijk in Amsterdam.

Tim en Eric hebben een druk leven. Ze werken hard. Bovendien willen ze veel aan sport doen. Helaas kunnen ze vaak niet zoveel tijd aan sport besteden. Dat vinden ze niet leuk. Ze hebben het altijd zo druk. Daarom vergeten ze wel eens hun familie te bezoeken. De boodschappen vergeten ze heel vaak. Nu probeert Eric een keer per week boodschappen te doen.

**Oefening 4**

Dit zijn voorbeeldzinnen. Er zijn andere mogelijkheden.
1 Sarah komt uit een ander land. 2 Dit antwoord is goed. 3 Ik zit op een stoel. 4 Om twaalf uur eindigt de les. 5 Tijdens de les zwijgt Eric. 6 Misschien komt Thomas. 7 Dit boek bevat honderd pagina's. 8 Els gaat op vakantie. 9 Hij leert veel woorden. 10 Deze tekst is interessant. 11 De trein vertrekt om tien uur. 12 Vandaag begint de cursus. 13 Op deze bladzijde staat een leuke oefening. 14 Zij woont in Den Haag.

## Hoofdstuk 2   Het werkwoord

**Oefening 1**

Dit zijn voorbeeldzinnen. Er zijn andere mogelijkheden.
1 De cursisten leren Nederlands. 2 Hoe heten jullie? 3 Het is belangrijk. 4 Amsterdam heeft veel inwoners. 5 Waar is het station? 6 Dichtbij de universiteit wonen veel studenten. 7 De meeste winkels zijn in het centrum. 8 De docent is in de klas. 9 Wij leren Nederlands. 10 Abdelhafid begrijpt Thomas. 11 In die stad woon ik. 12 Sarah heeft een mooie kamer. 13 Elke dag studeer ik. 14 Eric en Tim lezen de teksten. 15 Lies begrijpt veel woorden.

**Oefening 2**

1 maak 2 neemt 3 werkt 4 Werk 5 kent 6 rijdt 7 schrijft 8 Schrijf 9 houdt 10 leer 11 vind 12 lopen – gaan 13 helpt 14 geeft 15 eet 16 stoppen 17 spelen 18 stellen 19 pakt 20 leven

**Oefening 3**

zullen – is – heb – kan – Wil – mag – Wilt – wil – Hebt/Heeft – hebben – is – is

**Oefening 4**

1 kan 2 heeft 3 wil 4 ben 5 mag 6 Zal 7 kan 8 mogen 9 heb 10 is

**Oefening 5**

1 De student leerde de woorden. 2 Ik herinnerde me zijn naam niet. 3 Tim woonde in het centrum. 4 De les duurde tot vijf uur. 5 In de les gebruikten we een boek. 6 Eric maakte het eten klaar in de keuken. 7 In het weekend werkte zij in een restaurant. 8 Ik antwoordde op zijn vraag. 9 Maandag eindigde de les om vier uur. 10 Lies hoorde de docent niet.

**Oefening 6**

1 kende 2 woonde 3 woonden 4 speelden 5 praatte 6 stopte 7 fietsten 8 betaalde 9 noemden 10 pakte

**Oefening 7**

1 heeft gewerkt 2 hebben gevoerd 3 heb gepraat 4 hebben geluisterd 5 hebt gemaakt 6 heb gewacht 7 hebben geleerd 8 heeft geduurd 9 hebben gewoond 10 heb gehoord

**Oefening 8**

gewoond – gewerkt – geleerd – verhuisd
geleerd – gemaakt – gekookt – geluisterd
gefietst – ontmoet – gepraat – betaald

**Oefening 9**

1 begon 2 hadden 3 ging 4 kon 5 was 6 begreep 7 dronk 8 kwam 9 las 10 zagen 11 spraken 12 zei 13 wist 14 vertrokken 15 dacht

**Oefening 10**

ging – stond – liepen – gingen
kwamen – dronken – zat – keek / keken
kwam – was – kwam – vond – hielp – aten – mocht – was

**Oefening 11**

1 geweest 2 geslapen 3 verstaan 4 begonnen 5 gesproken 6 verkocht 7 gegeten 8 gevallen 9 gebracht 10 vergeten 11 gevonden 12 gestorven 13 gebleven 14 gereden 15 gedaan

**Oefening 12**

1 Sarah is met de tram gekomen. 2 Tim heeft de bus genomen. 3 Hij heeft naar de televisie gekeken. 4 Tim heeft Eric een boek gegeven. 5 Els is naar Parijs gegaan. 6 Wat heb je dit weekend gedaan? 7 Ik heb tot acht uur geslapen. 8 Ik heb met hem Nederlands gesproken. 9 Lies is in Brussel geweest. 10 De studenten hebben om twaalf uur gegeten. 11 Tessa heeft een boek gekocht. 12 Tim en Eric hebben een cadeau gekregen. 13 Hij heeft een brief aan zijn moeder geschreven. 14 Mijn vader heeft in het ziekenhuis gelegen. 15 Ik heb een heel mooi boek over China gelezen.

**Oefening 13**

1 heb 2 gaat 3 kunt 4 ligt 5 Woon 6 woonde 7 wilden 8 ga 9 zal 10 Kom 11 wil 12 liep 13 gemaakt 14 gehoord 15 stelde 16 kan 17 geduurd 18 gaan 19 drinken 20 gemaakt

**Oefening 14**

Dit zijn voorbeeldzinnen. Er zijn andere mogelijkheden.
1 Thomas heeft de krant gelezen. 2 Zij hebben op de bus gewacht. 3 Wij hebben buiten gespeeld. 4 Tussen de middag hebben wij gegeten. 5 Vroeger heb ik gerookt. 6 De kinderen hebben een vraag gesteld. 7 In het weekend heb ik gefietst. 8 De bus is bij het ziekenhuis gestopt. 9 De leraar heeft de krant gelezen. 10 Ik heb een nieuwe kamer gevonden. 11 Zij hebben de lift genomen. 12 De leraar heeft een huis gevonden. 13 Tussen de middag heb ik gegeten. 14 De kinderen hebben bij het ziekenhuis gespeeld. 15 Wij hebben een vraag gesteld.

**Oefening 15**

-

## Hoofdstuk 3   Het substantief en de lidwoorden

**Oefening 1**

1 auto's 2 lessen 3 winkels 4 huizen 5 havens 6 leraren 7 ogen 8 boodschappen 9 banen 10 broers – zussen 11 brieven 12 afdelingen 13 televisies – radio's

**Oefening 2**

-

**Oefening 3**

1 geen 2 geen 3 niet 4 niet 5 niet 6 geen 7 geen 8 niet 9 niet 10 geen

**Oefening 4**

-

## Hoofdstuk 4   Het adjectief

**Oefening 1**

vorige – interessant – dichte – dichtere – klein – grote – historische – mooie – oude – meeste – nieuw – grootste – democratisch – belangrijke – buitenlandse – prettig – koud – koud – korte – duidelijke

**Oefening 2**

grote – klein – mooie – druk – interessant – moeilijk – leuke – oud – gezellig – aardige

**Oefening 3**

-

**Oefening 4**

-

## Hoofdstuk 5   Pronomina

**Oefening 1**

1 Ze/Zij 2 we/wij 3 hem 4 ze/zij 5 ze/hen 6 ons 7 je/jou 8 haar

**Oefening 2**

1 Mijn zusje en ik 2 Mijn broer 3 Mijn vader en mijn tante 4 de dokter 5 Dokter 6 mijn vader en moeder 7 Dames en heren

**Oefening 3**

2 Thomas 3 Thomas 3 de krant 4 Thomas 5 Thomas 6 de krant 6 mevrouw/de vrouw 8 de assistente (van de tandarts) 8 de tandarts 9 de afspraak 9 Thomas 11 Thomas 11 de tandarts 11 Thomas

**Oefening 4**

Dit zijn voorbeeldantwoorden. Er zijn andere mogelijkheden.
hij – Thomas – Thomas en Tim – die auto – hij – hij – zij – ze – hem

**Oefening 5**

hij – ze – ze/die – die/hem – hem/die – die/hem – hem – hij – hem – je – Hij/Die – haar – ze/hen/hun – ze/hen

## Hoofdstuk 6  Preposities en woordgroepen

**Oefening 1**

1  De leraar / herhaalt / de moeilijke vraag.
2  Van maandag tot en met vrijdag / studeer / ik / op de universiteit.
3  Alleen zaterdag en zondag / slapen / we / tot tien uur.
4  Eric en Els / vertalen / de door de leraar gegeven tekst.
5  Ik / ga / iedere week / naar de film.
6  Mis / je / je familie / erg?
7  Ja, / ze / zijn / heel vaak / in mijn gedachten!
8  Er / staan / veel prachtige bloemen / in jullie tuin.
9  In de loop van de cursus / leerden / de studenten / meer woorden.
10 De eerste dag van het nieuwe jaar / is / in vrijwel elk land / een nationale feestdag.

**Oefening 2**

Dit zijn voorbeeldantwoorden. Er zijn andere mogelijkheden.
1 om negen uur 2 Vorig jaar 3 In Griekenland 4 in de kantine 5 Op de markt 6 met haar studie 7 bij het raam 8 brood met kaas 9 volgende maand 10 een nieuwe auto

**Oefening 3**

1 luister naar 2 houdt van 3 kijken naar 4 Besteden aan 5 aan wennen 6 naar gezocht 7 voor slaagt 8 beginnen met 9 met kennismaken 10 lijkt op 11 bestaat uit 12 reageren op 13 lijden aan 14 van genoten 15 leidt tot

**Oefening 4**

-

## Hoofdstuk 7  De hoofdzin

**Oefening 1**

1 Eric [begint] volgend jaar met zijn studie.

2 Vorig jaar [wilde] Tim met zijn studie beginnen.

3 Tim [wil] dit jaar met zijn studie beginnen.

4 Sarah [studeert] psychologie aan de Universiteit van Amsterdam.

5 Deze bloemen [heb] ik voor jou gekocht.

6 Bij de Hema [kun] je allerlei verschillende dingen kopen.

1 tweede 2 op de eerste of op de derde plaats 3 achteraan/op de laatste plaats

**Oefening 2**

1 Het feest na de cursus is meestal erg gezellig. 2 's Middags zijn we naar mijn zus geweest. 3 In het weekend ga ik mijn huis goed schoonmaken. 4 Sinds het begin van de cursus heb ik al veel woorden geleerd. 5 De overheid ontwikkelt allerlei plannen voor meer werk. 6 Tijdens de pauze gaan alle studenten naar de kantine. 7 In de bus en trein mag je niet roken. 8 Abdelhafid vindt de door mij klaargemaakte soep lekker. 9 Met het scherpe mes snijdt de dikke man het grote brood. 10 Tussen de middag gaan we naar huis om te eten.

**Oefening 3**

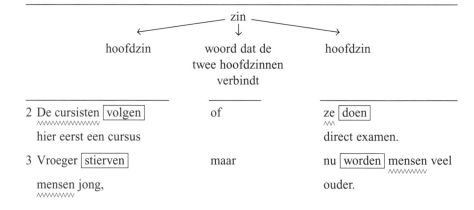

| hoofdzin | woord dat de twee hoofdzinnen verbindt | hoofdzin |
|---|---|---|
| 2 De cursisten [volgen] hier eerst een cursus | of | ze [doen] direct examen. |
| 3 Vroeger [stierven] mensen jong, | maar | nu [worden] mensen veel ouder. |

4 Sinaasappels schijnen          en          daarom eet ik er twee
gezond te zijn                                per dag.

5 Ik word gek van dit           dus          ga ik een wereldreis
leven,                                        maken.

2 ja
3 ja

**Oefening 4**

1 Volgens mijn vriend is het Nederlandse klimaat te koud. 2 Op dit moment volg ik een cursus Nederlands. 3 Abdelhafid heeft gisteren een e-mail aan al zijn vrienden gestuurd. 4 Bij de halte 'Museumplein' zal ik je waarschuwen. 5 We hebben gister-avond naar het nieuws gekeken. 6 Ik wil heel graag meer geld hebben. 7 Bij de studentendecanen kun je informatie over verschillende studies krijgen. 8 Na de film heb ik de trein naar huis genomen. 9 Wat mij betreft, kunnen we over een uur ver-trekken. 10 Eric zit de hele tijd te praten. 11 Vanwege het mooie weer zijn Els en Thomas vanochtend op tijd opgestaan. 12 Vorige week heeft de minister-president iets vreemds gezegd.

**Oefening 5**

1 spelen (alledrie) gitaar 2 moet Nederlands met haar spreken 3 ze volgt een cursus Nederlands 4 hij kan met Eric en Tim gitaar spelen. 5 hij voetbalt en hij zwemt 6 hij vindt zwemmen vreselijk 7 Sarah zwemt hij 8 ze houdt van voetballen 9 hij speelt gitaar

**Oefening 6**

-

# Hoofdstuk 8   De vraagzin

**Oefening 1**

1  Waar woon je?

2  Uit welk land komen Thomas en Eric?

3  Hoe heet de docent?

4  Wanneer zijn jullie naar Nederland gekomen?

5  Wat ga je na de cursus Nederlands doen?

6  Met wie hebben ze gisteren gesproken?

7  Hoe laat gaan de kinderen naar school?

8  Welk boek moeten de cursisten kopen?

9  Wanneer komt Abdelhafid thuis?

10 Waarom wil je Nederlands leren?

Regel 1: Ja
Regel 2: Nee; het subject kan alleen na de persoonsvorm staan, op de derde plaats.
Regel 3: Ja

**Oefening 2**

Basisantwoorden.
1 Waarom ...? 2 Ja/nee-vraag: persoonsvorm op de eerste plaats 3 Waar ...? 4 Hoeveel/Wat ...? 5 Wat/Wanneer ...? 6 Wie ...? 7 Ja/nee-vraag: persoonsvorm op de eerste plaats/Wat ...? 8 Waarvan/Wat ...? 9 Ja/nee-vraag: persoonsvorm op de eerste plaats 10 Hoe lang ...?

**Oefening 3**

Italië – Rome – Economie – 1990 – ze met een Nederlandse man trouwde – Voorburg – drie – vijftien – adviseur – bus – kunstenaar – een vriendin

**Oefening 4**

-

## Hoofdstuk 9   Bijzinnen en conjuncties

**Oefening 1**

| | zin | |
|---|---|---|
| ← | ↓ | → |
| hoofdzin | conjunctie | bijzin |

| | | |
|---|---|---|
| Sarah kijkt televisie | terwijl | Tim het eten kookt. |
| Gisteren bleef Tim thuis | omdat | hij ziek was. |
| Je moet veel geld hebben | als | je een huis wil kopen. |
| Hij geniet van zijn leven | sinds | hij met pensioen is. |
| Thomas begon hard te lachen | toen | Eric een mop vertelde. |

b na de conjunctie – achteraan – achteraan
    Kort geformuleerd: het subject na de conjunctie – alle werkwoorden achteraan

**Oefening 2**

1 Omdat veel mensen Engels spreken,    is Engels een belangrijk taal.
   Bijzin                               Hoofdzin

2 Els heeft bij haar ouders gewoond,    totdat ze met Tim trouwde.
   Hoofdzin                             Bijzin

3 Toen hij nog in Marokko woonde,    woonde hij bij zijn opa en oma.
   Bijzin                               Hoofdzin

4 Sinds hij die leuke baan heeft,    is hij heel gelukkig.
   Bijzin                               Hoofdzin

5 Abdelhafid is naar Nederland gekomen,    omdat zijn familie hier woont.
   Hoofdzin                             Bijzin

6 Terwijl veel mensen op vakantie waren,    heb ik nog een cursus gedaan.
   Bijzin                               Hoofdzin

7 Tim gaat zondag mee naar het museum,    als hij genoeg tijd heeft.
   Hoofdzin                             Bijzin

8 Doordat de trein tien minuten te laat kwam,    was Els te laat op de les.
   Bijzin                               Hoofdzin

9 Als hij de cursus Nederlands gedaan heeft,    gaat hij Economie studeren.
   Bijzin                               Hoofdzin

10 Ik weet niet zeker    of die cursus precies drie
                              maanden duurt.

   Hoofdzin                             Bijzin

**Oefening 3**

1 Wanneer 2 nadat 3 Hoewel 4 omdat 5 dat 6 omdat 7 Toen 8 of 9 Als 10 Terwijl

**Oefening 4**

Dit zijn voorbeeldantwoorden. Er zijn andere mogelijkheden.
1 Ik ga op vakantie naar Amerika als ik genoeg geld heb. 2 De docent leest de krant, terwijl de studenten de oefening maken. 3 Mijn vrienden zijn heel tevreden, sinds ze in een mooi huis wonen. 4 Sommige cursisten zijn niet voor het examen geslaagd, hoewel ze hard gestudeerd hebben. 5 Toen ze een kind was, woonde ze in Turkije.

**Oefening 5**

-

**Oefening 6**

-

## Hoofdstuk 10  De infinitief

**Oefening 1**  1 wil, kopen 2 Zullen, gaan 3 is, staat, te roken 4 probeert, te lezen 5 Kunt, vertellen, kan, vinden 6 hoef, te leren 7 moeten, doen 8 gaat, zwemmen 9 maakte, begon, te lachen 10 zit, te praten 11 zal, proberen, te bellen 12 kunnen, komen, eten 13 mag, parkeren 14 Zie, lopen, is 15 Vergeet, te posten

**Oefening 2**  1 Tim gaat vanavond in de bibliotheek studeren. 2 Ik moest lang op de trein naar Rotterdam wachten. 3 Sarah probeert een brief in het Frans te schrijven. 4 De minister weigerde antwoord op de vraag van de journalist te geven. 5 Zullen we vanavond in een restaurant gaan eten? 6 Meestal zitten we om elf uur koffie te drinken. 7 Wanneer kom je naar mijn nieuwe woning kijken? 8 Thomas kan redelijk Nederlands spreken, maar hij kan minder goed schrijven.

**Oefening 3**  -

**Oefening 4**  -

## Hoofdstuk 11  Het reflexieve werkwoord en het scheidbare werkwoord

**Oefening 1**  Achter het subject (zin 1, 4, 5, 6 en 7) of achter de persoonsvorm (zin 2 en 3).

**Oefening 2**  me wassen – me afdrogen – verbaast zich – zich afvroeg – zich voorstellen – me aankleden – zich herinneren – Herinner je – zich herinneren – me voelen

**Oefening 3**  a  1 belt op 2 nam toe 3 opgebeld 4 toegenomen 5 op bellen 6 toe nemen
7 opbellen 8 toenemen 9 opbelde 10 toeneemt

b Scheiden:
1 als het de persoonsvorm van de hoofdzin is (zin 1 en 2);
2 als het een deelwoord is (zin 3 en 4);
3 als het een infinitief met 'te' is (zin 5 en 6).
Niet scheiden:
1 als het een infinitief zonder 'te' is (zin 7 en 8);
2 als het de persoonsvorm in de bijzin is (zin 9 en 10).

**Oefening 4**  Dit zijn voorbeeldantwoorden. Er zijn meer mogelijkheden.
kennismaken – vastleggen – uitdoen – uitgaan – aankomen – voorstellen – meegaan – toenemen – doorgaan – afleggen – ophalen – doorlopen – dichtdoen – vastliggen

**Oefening 5**  1 voorstellen 2 eet op 3 aankomt 4 gaan weg 5 uit te leggen 6 afmaken 7 opgezocht 8 Doe dicht 9 nagedacht 10 mee te nemen

**Oefening 6**  1 Je moet nu eens ophouden. 2 Nu ga ik eindelijk eens met mijn werk door. 3 In de vakantie heb ik al mijn vrienden opgezocht. 4 Het financieringstekort is het afgelopen jaar toegenomen. 5 De lessen vinden in dat nieuwe gebouw plaats. 6 Wil je dat nog een keer uitleggen? 7 Als ik uitga, doe ik meestal mijn mooiste kleren aan. 8 Het komt vaak voor dat het in Nederland regent. 9 Stil nu toch. Ik probeer na te denken. 10 Ik heb bonbons voor je meegebracht. 11 Als je langs de huizen loopt, zie je dat bijna overal de televisie aanstaat. 12 Eindelijk zijn al mijn problemen opgelost. 13 Thomas komt bijna iedere dag te laat op de les, omdat hij altijd veel te laat opstaat.

**Oefening 7**  -

## Hoofdstuk 12  Andere soorten bijzinnen

Oefening 1

1 een huis 2 een tram 3 een bus 4 de kerktorens 5 haar vrienden 6 haar vriend Thomas 7 het huis 8 iedereen 9 een man 10 een woning

Oefening 2

1 die ik gisteren bij u gekocht heb 2 waarmee ik altijd naar mijn werk kom 3 die morgen jarig is 4 waarop Eric en Tessa zitten 5 dat daar ligt 6 met wie Tim staat te praten 7 met wie ik op vakantie ga 8 waar ze mango's verkopen 9 die verstand heeft van computers 10 die ik gisteren in de bioscoop heb gezien

Oefening 3

1 die 2 dat 3 die 4 met wie 5 waar op 6 waar 7 die 8 met wie 9 waarmee 10 waarvoor

Oefening 4

1 waar het Centraal Station is 2 bij welke halte ik moet uitstappen 3 hoe dit apparaat werkt 4 hoe ik dit formulier moet invullen 5 wie je bij het schrijven van deze brief geholpen heeft 6 wanneer er in Nederland weer verkiezingen zijn 7 wanneer de bibliotheek geopend is 8 waar ik tweedehands fietsen kan kopen 9 aan wie ik mijn woordenboek uitgeleend heb 10 wat we vanavond eten

Oefening 5

-

## Hoofdstuk 13  Het passief

1 De leden van de Tweede Kamer 2 De broer van Lies 3 een nieuw postkantoor 4 Kennedy 5 Abdelhafid 6 Lies 7 Thomas 8 veel meer producten 9 Ik 10 Thomas en Tim

Oefening 1

× voor zinnen 1, 3, 4, 6, 8

Oefening 2

1 wordt verkocht 2 worden herhaald 3 zijn vertaald 4 wordt geproduceerd 5 worden gebouwd 6 wordt gebracht 7 is vermoord 8 ben geopereerd 9 Ben uitgenodigd 10 is gemaakt

Oefening 3

Dit zijn voorbeeldantwoorden. Er zijn andere mogelijkheden.
1 De Afsluitdijk is in ongeveer 1930 gebouwd. (passief) 2 Mijn poes is vorige week doodgegaan. (actief) 3 Lies verdient niet zoveel. (actief) 4 Dit boek is in het Engels vertaald. (passief) 5 Het eten is niet door mij klaargemaakt. (passief) 6 Tessa doet meestal op zaterdag boodschappen. (actief) 7 Dit product wordt uit Zuid-Amerika geïmporteerd. (passief) 8 De dokter opereert in het Academisch Medisch Centrum. (actief) 9 Ik ben voor het feest van Eric uitgenodigd. (passief) 10 De wereld wordt langzaam maar zeker door de mens kapotgemaakt. (passief)

## Bijlage 1    De spelling

Oefening 1

1 maan 2 man 3 boom 4 bom 5 bek 6 beek 7 lied 8 leed 9 Mies 10 Wim 11 kus 12 zak 13 zaak 14 Luuk 15 Koen 16 vies 17 vis 18 heen 19 hen 20 duur

Oefening 2

1 spel-ling; spel = gesloten 2 kin-de-ren; kin = gesloten 3 op-voe-ding; op = gesloten 4 mu-ziek; mu = open 5 ko-men; ko = open 6 za-ter-dag; za = open 7 bu-ren; bu = open 8 te-gen-woor-dig; te = open 9 ver-ge-ten; ver = gesloten 10 feest-dag; feest = gesloten 11 lief-de; lief = gesloten 12 buur-man; buur = gesloten

Oefening 3

1 grote 2 maak 3 Mannen 4 bomen 5 brieven 6 vergeet 7 vieze 8 drukke 9 vriendinnen 10 normale 11 systemen 12 witte 13 leer 14 huizen 15 oorzaken 16 zit 17 droom

**A4.3**

| | |
|---|---|
| een vierkante tafel | een witte broek |
| een duur huis | een leuke oefening |
| een mooie auto | een makkelijke les |
| een aardige vrouw | een nieuwe fiets |
| een zwarte pen | een vervelende jongen |
| een lelijke man | een goedkope winkel |

**A6.4**
**versie A**

Dit is een tekening van keuken A. In deze keuken staan allerlei dingen. Cursist B heeft dezelfde tekening, maar dan zonder deze dingen.

Help hem om de dingen op de juiste plaats te zetten, zonder de tekening te laten zien.

Cursist B mag vragen stellen.

Als je klaar bent, vergelijk je de tekeningen met elkaar.

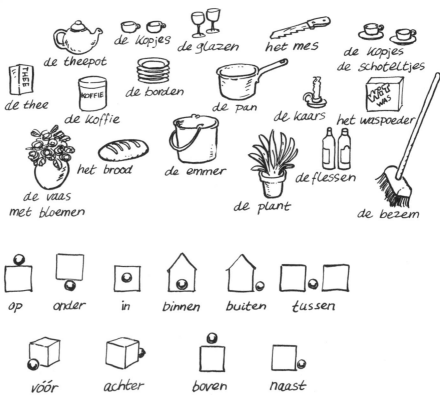

**A6.4**
**versie B**

Dit is een tekening van keuken B. In deze keuken staan allerlei dingen. Cursist A heeft dezelfde tekening, maar bij hem staan er nog een heleboel andere dingen (glazen, koffie, enzovoort).
Hij zal je helpen om deze dingen op de juiste plaats te tekenen.
Je mag vragen stellen.
Als je klaar bent, vergelijk je de tekeningen met elkaar.

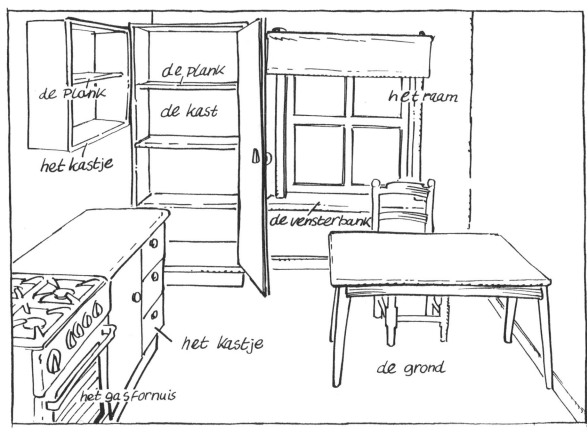

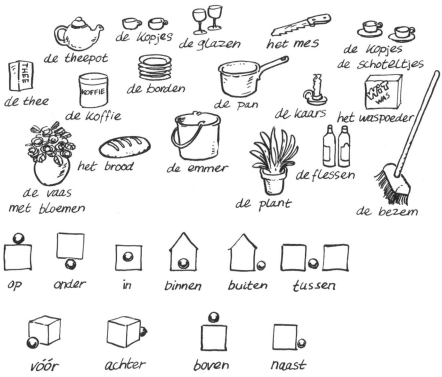

A7.6

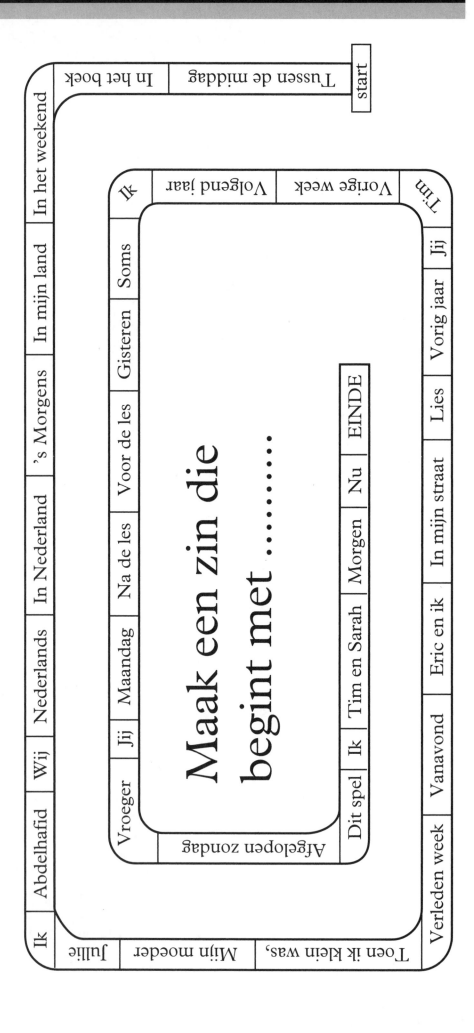

start

Tussen de middag | In het boek | In het weekend

In mijn land | 's Morgens | In Nederland | Nederlands | Wij | Abdelhafid | Ik

Ik | Soms | Gisteren | Voor de les | Na de les | Maandag | Jij | Vroeger

Volgend jaar | Vorige week | Tim

**Maak een zin die begint met ..........**

EINDE | Nu | Morgen | Tim en Sarah | Ik | Dit spel

Afgelopen zondag

Jij | Vorig jaar | Lies | In mijn straat | Eric en ik | Vanavond | Verleden week

Jullie | Mijn moeder | Toen ik klein was,

**A8.3**

Sarah Brunelli komt uit <u>Italië</u>.

Sarah Brunelli is geboren in <u>Rome</u>.

In haar eigen land heeft Sarah <u>Economie</u> gestudeerd.

In het jaar <u>1990</u> is Sarah naar Nederland gekomen.

Sarah is naar Nederland gekomen omdat <u>ze met een Nederlandse man trouwde</u>.

Sarah woont met haar man in <u>Voorburg</u>.

Sarah heeft <u>drie</u> kinderen.

Het oudste kind is <u>vijftien</u> jaar.

Sarah werkt als <u>adviseur</u> bij een klein bedrijf in Den Haag.

Meestal gaat Sarah met de <u>bus</u> naar haar werk.

De man van Sarah werkt thuis. Hij is <u>kunstenaar</u>.

Sarah zwemt altijd samen met <u>een vriendin</u>.

**A10.4**

| | |
|---|---|
| het strand<br>de bibliotheek<br>de apotheek | het postkantoor<br>het café<br>het park |
| het hotel<br>de badkamer<br>de dierentuin | de bioscoop<br>het zwembad<br>het museum |
| de universiteit<br>het restaurant<br>de bakker | de schoenenwinkel<br>de kantine<br>de cursus Nederlands |
| het voetbalstadion<br>de disco<br>de supermarkt | |

**A11.7**

**Tabel A**

|  | aandoen | opeten | schoonmaken | meebrengen |
|---|---|---|---|---|
| Thomas | de tv ......... | ......... vanochtend | de keuken ......... | ......... gisteren |
| Eric | ......... altijd | de soep ......... | de wc ......... | bonbons ......... |
| Sarah | de lamp ......... | ......... altijd | ......... afgelopen weekend | iets ......... |
| Tim | de oven ......... | ......... vanmiddag | de douche ......... | een fles wijn ......... |
| Abdelhafid | ......... vanavond | een hele kip ......... | ......... vorige week | ......... op mijn verjaardag |

**Tabel B**

|  | aandoen | opeten | schoonmaken | meebrengen |
|---|---|---|---|---|
| Thomas | ......... gisteren | zijn ontbijt ......... | ......... vandaag | bloemen ......... |
| Eric | de radio ......... | ......... gisteravond | ......... gisteren | ......... vanavond |
| Sarah | ......... elke avond | alles ......... | het huis ......... | ......... nooit |
| Tim | ......... vandaag | twee boter- hammen ......... | ......... morgen | ......... afgelopen weekend |
| Abdelhafid | de kaarsen ......... | ......... afgelopen zondag | het balkon ......... | iets moois ......... |

**A12.5**

<u>Lijst 1</u>
een auto
een dokter
een stoel
een cursist

_____

<u>Lijst 2</u>
een lerares
een portemonnee
een journalist
een gulden

_____

<u>Lijst 3</u>
een computer
een woordenboek
een piloot
een buschauffeur

_____

<u>Lijst 4</u>
een sleutel
een fotograaf
een formulier
een koelkast

_____

<u>Lijst 5</u>
een kopje
een sigaret
een advocaat
een agenda

_____

<u>Lijst 6</u>
een tandarts
een telefoon
een vliegtuig
een tandenborstel

_____

<u>Lijst 7</u>
een kam
een koffer
een schoenmaker
een bril

_____

# B-oefeningen

# 1 De zin

## Oefening 1

In de volgende brief zijn geen punten, komma's, hoofdletters en vraagtekens geplaatst. Geef door het plaatsen van de hoofdletters en punten of vraagtekens aan waar een zin begint en eindigt. Plaats als dat moet ook komma's in de zin. Let erop dat ook de namen met hoofdletters moeten worden geschreven.

beste sarah,

hoera! we zijn allemaal geslaagd voor ons examen we spreken helaas nog niet perfect nederlands toch kunnen we ons in ieder geval redelijk goed verstaanbaar maken natuurlijk willen we een groot feest organiseren dat vindt aanstaande zaterdag plaats kom je ook we vieren het feest bij tessa zij heeft de grootste woning het lijkt me leuk je weer eens te zien

hoe is het trouwens met je nieuwe woning het is een hele ruime woning dat heb ik tenminste van eric gehoord eric vertelde me nog meer je schijnt zelf niet zo tevreden te zijn hoe komt dat is je huis te ver van het centrum vandaan misschien kunnen we ruilen ik wil nu eindelijk wel eens uit het centrum weg in het centrum is het zo druk dat maakt me af en toe gek zal ik een keer bij je langskomen ik wil graag je huis zien bovendien kan ik dan meteen de geleende cd's terugbrengen

hopelijk zien we je dus aanstaande zaterdag bij tessa heb je haar adres nog wel je kunt me daarvoor altijd bellen 's avonds na tien uur ben ik zeker thuis o ja zaterdagavond kan ik je ook wel even met de auto komen ophalen voor het feest ga ik waarschijnlijk bij mijn broer eten die woont bij jou in de buurt

groeten en hopelijk tot zaterdag

thomas

## Oefening 2

Zet in de tekst van oefening 1 een ⬚ rond de persoonsvorm, een ‿‿‿ onder het subject en een ∘∘∘∘∘∘∘ onder de infinitief.

## Oefening 3

De volgende zinnen zijn niet allemaal correct. In sommige zinnen ontbreekt het *object*. Maak deze zinnen correct.

**Voorbeeld**

Tim was gisteren erg moe en toen is hij vergeten.
Tim was gisteren erg moe en toen is hij *onze afspraak* vergeten.

1   Els begrijpt niet helemaal.
2   Tim woont in het centrum van Amsterdam.
3   Heb je op de markt gekocht?
4   Loop jij meestal naar je werk?
5   Eric heeft met Thomas gevochten.
6   Wat zeg je? Ik versta niet.
7   Kom binnen! Wil je drinken?
8   Kijk jij wel eens naar een voetbalwedstrijd?
9   We hebben erg gelachen.
10  De huisarts heeft de hele dag onderzocht.

## Oefening 4

Trek nu zelf de conclusie. Bij welke werkwoorden *moet* je een object gebruiken?

nemen – gebruiken – vertrekken – begrijpen – werken – kopen – ontvangen – wonen – vliegen – zwijgen

# 2 Het werkwoord

## Oefening 1   Regelmatig presens
Vul de juiste vorm van het presens in.

**Voorbeeld**

praten    Hij _____ vaak Nederlands met zijn buren.
          Hij *praat* vaak Nederlands met zijn buren.

1 lezen – kopen – vinden – begrijpen – gebruiken
   Ik _____ een paar keer per week een krant. Ik _____ soms het NRC
   Handelsblad, De Volkskrant of De Telegraaf. Ik _____ het NRC Handelsblad de
   moeilijkste krant. Ik _____ niet alle woorden en ook de zinnen zijn soms lang
   en moeilijk. Ik _____ een woordenboek om de woorden die ik niet ken op te
   zoeken.

2 komen – wonen – studeren – vinden – gaan
   Eric _____ uit Zweden. Nu _____ hij in Nederland. Hij _____ Economie aan
   de Universiteit van Amsterdam. Hij _____ zijn studie moeilijk, maar ook erg
   interessant. Over een paar jaar, als hij is afgestudeerd, _____ hij waarschijnlijk
   terug naar Zweden.

3 leren – maken – praten – proberen – spreken
   Sarah _____ sinds drie maanden Nederlands. Soms _____ ze een afspraak met
   Abdelhafid om naar de film te gaan of gezellig koffie te drinken. Als ze dan met
   elkaar _____, doen ze dat meestal in het Frans. Sarah _____ wel Nederlands te
   spreken met haar buren en met andere Nederlanders. Sarah _____ ook goed
   Engels en Abdelhafid heeft Spaans geleerd.

4 houden – eten – houden – maken – koken
   Ik _____ van koken. Ik _____ het liefst Italiaanse gerechten. _____ jij ook van
   Italiaans eten? _____ jij wel eens een echte Italiaanse maaltijd? Of ben jij zo
   iemand die nooit zelf zijn eten _____?

## Oefening 2   Onregelmatig presens
Vul de juiste vorm van het presens in.

**Voorbeeld**

zijn      Ik _____ nu in Nederland.
          Ik *ben* nu in Nederland.

willen    1   Waarom _____ jij Nederlands leren?
willen        Ik _____ Nederlands leren omdat ik in Nederland woon.
hebben    2   _____ Eric een auto?
hebben        Nee, hij _____ geen auto, hij gaat altijd op de fiets.

| | | |
|---|---|---|
| kunnen | 3 | _____ jullie Spaans spreken? |
| kunnen | | Abdelhafid wel, maar ik _____ alleen maar Engels en mijn eigen taal spreken. |
| mogen | 4 | _____ ik jouw woordenboek even lenen? |
| hebben | | Sorry, ik _____ mijn woordenboek niet meegenomen. |
| zijn | 5 | Hoe oud _____ jullie? |
| zijn | | Ik _____ 24 jaar en Eric _____ 23 jaar. |
| mogen | 6 | _____ we tijdens het examen een woordenboek gebruiken? |
| mogen | | Nee, dat _____ niet. |
| zullen | 7 | _____ we morgen naar de film gaan? |
| zijn | | Dat _____ een goed idee, maar ik weet nog niet of |
| kunnen | | ik _____. |
| zullen | | Ik _____ je vanavond even bellen, oké? |
| hebben | 8 | _____ je even tijd om me te helpen? |
| kunnen | | Ik _____ deze oefening niet maken. |
| willen | | Ja hoor, ik _____ je wel even helpen. |

## Oefening 3    Onregelmatig en regelmatig presens

Vul de juiste vorm van het presens in.

**Voorbeeld**

| | |
|---|---|
| maken | Ik _____ het huiswerk 's middags. |
| | Ik *maak* het huiswerk 's middags. |

| | |
|---|---|
| leren | Nu _____ ik Nederlands, |
| volgen | want ik _____ een cursus Nederlands. |
| leren | Sinds vorige week _____ ik deze taal. |
| zijn | Nederlands _____ volgens mij een makkelijke taal. Maar |
| komen | misschien _____ dat ook doordat ik een |
| kennen | beetje Duits _____. |
| hebben | Van maandag tot donderdag _____ ik les. |
| betekenen | Dat _____ dus vier dagen per week. |
| bestaan | Onze groep _____ uit achttien studenten. |
| komen | Ze _____ uit zeven verschillende landen. |
| vinden | Ik _____ dat erg leuk. |

## Oefening 4    Spreekoefening presens

Werk in groepjes van drie of vier cursisten. Stel elkaar de volgende vragen. Geef antwoord. Let op de werkwoorden: de persoonsvorm presens moet correct zijn.

*Vragen:*
Waar woon je?
Hoe kom je naar de lessen? Lopend, met de fiets, met de bus, de tram of de trein?
Heb je een auto of een fiets?
Waarom wil je Nederlands leren?
Welke talen spreek je?
Vind je Nederlands een moeilijke taal?
Ken je veel Nederlandse mensen? Wie zijn ze? Zijn ze aardig?
Wat eet jij 's avonds meestal? Kook je zelf?
Hoe oud ben je?
Heb je een grote familie?
Waar woont je familie?

## Oefening 5    Regelmatig imperfectum

Vul de juiste vorm van het imperfectum in.

**Voorbeeld**

| wonen | Vroeger _____ Eric in Zweden. |
|---|---|
|  | Vroeger *woonde* Eric in Zweden. |

| werken | 1 | Abdelhafid _____ vroeger in een groot ziekenhuis. |
|---|---|---|
| proberen | 2 | Ik _____ gisterenavond deze oefening te maken, maar |
| lukken |  | dat _____ niet. |
| fietsen | 3 | Els en Lies _____ vroeger altijd naar school. |
| spelen | 4 | Toen ik kind was, _____ ik altijd op straat met mijn vriendjes. |
| zorgen | 5 | Mijn moeder _____ vroeger altijd voor het eten. |
| koken |  | Mijn vader _____ nooit. Hij kon het niet. |
| maken |  | Wie _____ bij jullie vroeger het eten klaar? |
| studeren | 6 | Toen hij in Londen _____, ging hij elke vakantie naar zijn familie in Spanje. |
| wassen | 7 | Voordat ik een wasmachine had, _____ ik al mijn kleren met de hand. |
| verwachten | 8 | Mijn broer kwam plotseling op bezoek. Ik _____ hem niet. |
| leven | 9 | Toen zijn grootouders nog _____, ging hij vaak bij hen logeren. |
| vertellen |  | Zijn opa _____ altijd heel mooie verhalen. |
| wonen | 10 | Wij _____ vroeger tegenover een bushalte. |
| stoppen |  | Vier keer per uur _____ daar een bus. |

## Oefening 6    Regelmatig en onregelmatig imperfectum

Vul de juiste vorm van het imperfectum in.

**Voorbeeld**

| wonen | Vroeger _____ ik in Utrecht. |
|---|---|
|  | Vroeger *woonde* ik in Utrecht. |

| werken | Afgelopen zomer heb ik in een winkel gewerkt. Ik _____ daar vijf dagen per week. |
|---|---|
| zijn | De winkel _____ alle dagen open, behalve zondag en maandag. |
| probeer | Ik _____ dus zelf mijn boodschappen op maandagmiddag te doen. |
| vinden | Op zaterdag werken _____ ik niet zo leuk. |
| duren | Die dag _____ altijd erg lang. |
| tellen | Vooral na vier uur _____ ik echt elke minuut. |
| stoppen | Om vijf uur precies _____ we met werken |
| gaan | en _____ de winkel dicht. |
| zijn | Het leukste in de winkel _____ het publiek. |
| voeren | Ik _____ vaak korte gesprekjes met iedereen. |
| vinden | Ze _____ het ook jammer |
| vertrekken | toen ik aan het eind van de zomer _____. |

## Oefening 7    Regelmatig en onregelmatig imperfectum

Vul de juiste vorm van het imperfectum in.

| | |
|---|---|
| zijn | Toen ik ongeveer acht jaar _____, |
| wonen | _____ ik met mijn familie in Parijs. |
| spreken | Ik _____ in het begin nog geen Frans. |
| spelen | Als ik met andere kinderen _____, |
| verstaan | _____ ik hen niet. |
| hebben | Ook op school _____ ik daarom problemen. |
| kunnen | Ik _____ bijvoorbeeld goed rekenen, |
| begrijpen | maar in de rekenles _____ ik nooit |
| zeggen | wat de lerares _____. |
| durven | Ik _____ ook niet veel aan de lerares te vragen. |
| zijn | Ik _____ bang dat |
| vinden | de andere leerlingen mij dom _____. |
| krijgen | Ik _____ een heel laag cijfer voor rekenen. |
| zien | Toen mijn vader dat _____, |
| worden | _____ hij heel boos. |
| vertellen | Maar ik _____ hem dat ik |
| begrijpen | de taal niet goed _____. |
| gaan | Na een paar maanden _____ het veel beter. |
| spreken | Ik _____ toen vrij goed Frans |
| hebben | en tijdens de lessen _____ ik geen problemen meer. |
| krijgen | Voor rekenen _____ ik toen een tien! |

## Oefening 8    Spreekoefening imperfectum

a Werk eerst individueel.

Schrijf vijf dingen op die je vroeger vaak deed maar nu niet meer. Schrijf de imperfectumvorm van de werkwoorden op. Gebruik als dat nodig is de lijst met onregelmatige werkwoorden.

**Voorbeeld**

op straat spelen (ik speelde)_____
naar het zwembad gaan (ik ging)_____
met mijn hond wandelen (ik wandelde)_____

b Loop nu de klas rond en vertel aan elkaar wat je vroeger vaak deed.

Je zegt bijvoorbeeld:
Vroeger speelde ik vaak op straat.
Ik ging vaak naar het zwembad.
Na schooltijd wandelde ik bijna elke dag met mijn hond.
...
Wat deed jij vroeger vaak?

## Oefening 9    Regelmatig perfectum
Vul de juiste vorm van het perfectum in.

<u>**Voorbeeld**</u>

| | |
|---|---|
| maken | Gisteren _____ ik een wandeling _____. |
| | Gisteren *heb* ik een wandeling *gemaakt.* |

| | | |
|---|---|---|
| weigeren | 1 | Ik _____ die opdracht _____. |
| steunen | 2 | Mijn ouders _____ mij altijd _____. |
| besteden | 3 | Jullie _____ veel tijd aan het huiswerk _____. |
| leren | 4 | Lies _____ die enorme lijst met onregelmatige werkwoorden _____. |
| gebruiken | 5 | Eric _____ gisteren mijn fiets _____ en nu is hij kapot. |
| controleren | 6 | _____ je de antwoorden goed _____? |
| duren | 7 | Sarahs vijfde huwelijk _____ maar drie weken _____. |
| noemen | 8 | Mijn broer _____ zijn zoontje Bambi _____. |
| verdienen | 9 | Waarmee _____ je zoveel geld _____? |
| willen | 10 | Mijn moeder _____ altijd een dochter _____, maar helaas kreeg ze alleen maar zonen. |
| reizen | 11 | Ik _____ per trein naar Barcelona _____ en daar heb ik een vliegtuig genomen. |
| zetten | 12 | Wil je koffie? Ik _____ net verse _____. |
| roken | 13 | Els _____ gisterenavond te veel _____ en nu heeft ze keelpijn. |
| sporten | 14 | Toen ik verleden jaar zo ziek was, _____ ik drie maanden niet _____. |
| eindigen | 15 | De les _____ om twee uur _____. |

## Oefening 10    Onregelmatig perfectum
Vul de juiste vorm van het perfectum in.

| | | |
|---|---|---|
| kopen | 1 | Ik _____ een nieuw boek _____. |
| beginnen | 2 | De les _____ om negen uur _____. |
| vragen | 3 | Ze _____ hem dat _____. |
| zeggen | 4 | Hij _____ niets _____. |
| zien | 5 | _____ je die film _____? |
| kijken | 6 | Gisterenavond _____ we tv _____. |
| lopen | 7 | Hij _____ naar de bushalte _____. |
| begrijpen | 8 | Ik _____ die vraag niet _____. |
| komen | 9 | Ze _____ niet naar het feest _____. |
| gaan | 10 | Ik _____ naar de bioscoop _____. |
| lezen | 11 | _____ jullie dat boek _____? |
| doen | 12 | Vroeger _____ hij veel aan sport _____. |
| bezoeken | 13 | Vorig weekend _____ we familie _____. |
| krijgen | 14 | Dit horloge _____ ze van haar broer _____. |
| spreken | 15 | Ik _____ niet met hem _____. |

## Oefening 11    Regelmatig en onregelmatig perfectum

Vul de juiste vorm van het perfectum in.

| | |
|---|---|
| wachten | Ben je vergeten dat we zaterdag een afspraak hadden? Ik _____ twee uur op je _____ in het café, |
| vertrekken | maar ten slotte _____ ik _____. |
| proberen | Ik _____ nog _____ om je op te bellen, maar niemand nam de telefoon op. |
| zijn | Nou wil ik wel weten waar jij _____ _____! |
| | |
| doen | Wat _____ jij gisteravond _____? |
| eten | Toen ik thuiskwam, _____ ik natuurlijk eerst _____. |
| kijken | en daarna _____ ik naar het journaal _____. |
| maken | Van half negen tot elf uur _____ ik mijn huiswerk _____. Het was zoveel! |
| lukken | _____ het _____ om alles af te krijgen? |
| leren | Nee, ik _____ de nieuwe woorden _____. |
| lezen | en ik _____ de volgende tekst _____. |
| maken | Maar de oefeningen _____ ik niet _____. |
| praten | Na elf uur _____ ik nog wat met mijn vriendin _____. |
| gaan | Daarna _____ ik naar bed _____. |

## Oefening 12    Spreekoefening perfectum

Wat heb je in Nederland voor het eerst gedaan?

a Schrijf vijf dingen op die je in Nederland voor het eerst hebt gedaan. Zoek
  eventueel werkwoorden op in de lijst met onregelmatige werkwoordsvormen.
  Schrijf de juiste vorm van het perfectum erbij.

**Voorbeeld**

schaatsen: ik heb geschaatst
haring eten: ik heb gegeten

b Loop nu de klas rond, vertel wat jij hebt gedaan en stel vragen aan andere
  studenten.

**Voorbeeld**

Ik heb in Nederland voor het eerst geschaatst. Heb jij ook wel eens geschaatst?
Ik heb hier voor het eerst een haring gegeten. Heb jij al een haring gegeten?

## Oefening 13    Spreekoefening verleden tijd

*De bankoverval*

*Voorbereiding*:
Drie cursisten worden de klas uitgestuurd. Ze worden ervan verdacht een bankoverval te hebben gepleegd, bijvoorbeeld vorige week donderdag om twee uur
's middags. Deze drie cursisten spreken af wie van hen de dader was en ze
bedenken een alibi: waar ze waren ten tijde van de overval en wat ze daar deden.
De overige cursisten worden in drie groepen verdeeld. Die groepen zijn de drie
rechercheteams.
De rechercheteams moeten zoveel mogelijk vragen bedenken en opschrijven die ze
aan de verdachten willen stellen.

*Uitvoering*:
Na ongeveer vijf minuten komen de drie verdachten weer binnen. Elk recherche-team gaat nu een verdachte ondervragen. Gebruik steeds de verleden tijd. Ondervraag na vijf minuten verdachte nummer twee en ten slotte nummer drie. Besluit daarna met de andere 'rechercheteams' welke verdachte de bankoverval heeft gepleegd.

## Oefening 14    Gebruik verschillende werkwoordstijden

Lees het verhaaltje.
Bij de werkwoorden staan nummers. Schrijf onder het verhaaltje op welke werk-woordstijden gebruikt zijn en waarom.

Kies uit:
1 *Perfectum* omdat: *inleiding van het verhaal*
2 *Imperfectum* omdat: *detail/geen bepaalde tijdsduur*
3 *Presens* omdat: *toekomst*

**Voorbeeld**

Twee jaar geleden ben ik een paar weken in Rome geweest(1).
Ik vond (2) het een hele mooie stad.
Ik liep (2) elke dag urenlang rond om alles te bekijken.
Volgend jaar ga (3) ik nog een keer naar Rome.

---

**Amsterdam**
Vorige week heb ik een prachtig boek over de geschiedenis van Amsterdam gele-zen (1). Ik heb erg veel geleerd (2) van de informatie in dat boek.
Nu weet (3) ik bijvoorbeeld dat Amsterdam in de zeventiende eeuw een van de grootste steden van Europa was (4). Er woonden (5) ongeveer 200.000 mensen. Amsterdam was (6) heel rijk door de handel. Amsterdam was (7) in die tijd ook een belangrijke culturele stad. Rembrandt woonde (8) en werkte (9) er. Iedereen kent (10) Rembrandt nu! De meeste toeristen in Amsterdam gaan (11) naar het Rijksmuseum om zijn schilderijen te zien.
Ik kan (12) je nu heel veel vertellen over Amsterdam. We kunnen (13) volgende week een stadswandeling maken. Dan laat (14) ik je de interessantste historische plekjes zien.

1 _____        8 _____

2 _____        9 _____

3 _____        10 _____

4 _____        11 _____

5 _____        12 _____

6 _____        13 _____

7 _____        14 _____

## Oefening 15    Gebruik verschillende werkwoordstijden

Vul de werkwoorden in het verhaaltje in. Kies welke tijd het beste past: presens – imperfectum – perfectum.

**Voorbeeld**

| | |
|---|---|
| zijn | Deze zomer ik op vakantie naar Griekenland. |
| vinden / zijn | Ik het daar erg leuk, maar het heel warm. |

Deze zomer *ben* ik op vakantie naar Griekenland *geweest*.
Ik *vond* het daar erg leuk, maar het *was* heel warm.

| | |
|---|---|
| gaan | Vorige week we met de hele groep naar IJmuiden. |
| vertrekken | We om tien uur met de bus. |
| komen | Om 10.50 uur we in IJmuiden aan. |
| bekijken | Eerst we de grote sluizen. |
| vinden | Ik het heel interessant om die grote schepen te zien. |
| gaan | Daarna we naar het strand. |
| zijn | Dat ook heel leuk. |
| lopen | We twee uur langs de zee. |
| gaan | Ten slotte we naar een restaurantje aan zee en |
| eten | daar we heerlijk. |
| zitten | Tijdens het eten iedereen gezellig te praten en te lachen. |
| proberen | We allemaal de hele tijd in het Nederlands te praten. |
| zijn – lukken | Dat moeilijk, maar het toch vrij goed! |
| nemen | Om acht uur we de bus terug. |
| komen | Ik om ongeveer tien uur thuis. |
| zijn | Ik doodmoe, maar heel tevreden. |
| gaan | Over een maand we weer met de hele groep ergens naartoe. |
| hopen – zijn | Ik dat het dan weer zo leuk. |

## Oefening 16

Schrijf een tekst van ongeveer 110-150 woorden over een belangrijke gebeurtenis die je vroeger hebt meegemaakt. Je kunt over iets schijven dat heel leuk was, of juist heel verdrietig, interessant of schokkend. Schrijf ook op waarom je die gebeurtenis zo belangrijk vindt.
Let op de werkwoorden: probeer de juiste vormen en tijden te gebruiken.

# 3 Het substantief en de lidwoorden

## Oefening 1
Zet in het meervoud.

Vroeger grensde Nederland aan twee *zeeën* (zee): de Noordzee en de Zuiderzee.

1 Nederland heeft een paar grote _____ (rivier), zoals de Rijn, de Maas en de Waal. Verder zijn er enkele grote _____ (kanaal): het Noord-Hollands kanaal, en het Amsterdam-Rijnkanaal. De _____ (haven) liggen bij de grote _____ (stad) Rotterdam en Amsterdam. De _____ (schip) vervoeren de goederen dus over het water. Natuurlijk worden over de _____ (weg) ook veel goederen vervoerd, want Nederland heeft een uitgebreid wegennet.

2 Ik zit op een cursus Nederlands. Wij hebben op vier verschillende _____ (dag) les. De eerste _____ (les) waren moeilijk voor ons. Wij zitten met achttien _____ (leerling) in een grote zaal. Omdat er in de _____ (gang) van het gebouw geen _____ (kapstok) zijn, hangen we onze _____ (jas) aan de _____ (stoel). Op de _____ (tafel) liggen onze _____ (boek), _____ (schrift) en _____ (pen).

3 Bij de studie biologie wordt voor allerlei onderzoek gebruikgemaakt van proefdieren als _____ (muis), _____ (rat), _____ (vogel), _____ (hond) en _____ (kat). Deze _____ (proef) zijn niet altijd nodig; men zou veel vaker gebruik kunnen maken van _____ (video) waarop die experimenten getoond worden. Gelukkig gaan de _____ (bioloog) van tegenwoordig al meer gebruikmaken van audiovisuele middelen.

## Oefening 2
Hieronder staat een korte tekst. Lees de tekst door. Zoals je ziet staat er soms 'een' voor het substantief, soms 'de' en soms niets. Bespreek in groepjes van drie het gebruik van de lidwoorden.

Waarom staat er soms **een** voor het substantief en een andere keer **de** of **het**? Waarom staat er soms **geen** lidwoord (-) voor het substantief?

– Zullen we vanmiddag **een** cake bakken?
◦ Ja, dat lijkt me leuk. Wat hebben we daarvoor nodig?
– Op de eerste plaats (-) meel en verder (-) melk, (-) eieren, (-) gist, (-) suiker en (-) boter.
◦ Goed, ik heb alles hier neergezet. En nu?
– Eerst doe je **het** meel in **een** kom en daarna doe je er **de** eieren, **de** melk en **de** boter bij.
  Roer alles goed door elkaar. Je kunt er **een** mixer bij gebruiken.
  Vergeet niet **de** suiker en **de** gist toe te voegen.
  Je hebt nu (-) cakebeslag.
  We doen **het** cakebeslag voorzichtig in **een** cakevorm en die zetten we in **de** oven. Na één uur is **de** cake klaar.

## Oefening 3

Werk samen met drie andere cursisten.
Beschrijf in het kort een film die je gezien hebt.

Let vooral op het gebruik van de lidwoorden: bepaald of onbepaald, wel een lidwoord of geen lidwoord.
Het juiste gebruik van **de** of **het** of andere fouten zijn nu niet belangrijk.

## Oefening 4

Vul in: deze of die, dit of dat.

Let op: **het** gebouw, **de** deur, **de** verdieping, **het** lokaal

– Hallo, mag ik u iets vragen?
  Is er in _____ gebouw ergens een lift? Ik moet namelijk naar de zevende etage.
∘ Ja, aan het eind van de gang, achter _____ deur is een lift.
– Is er op _____ verdieping ook een kantine?
  Ja, daar, naast _____ lokaal, achter _____ rode klapdeuren.

## Oefening 5

In het volgende tekstje zijn de lidwoorden weggelaten. Vul waar dat moet een lidwoord in. Kijk goed of je een **onbepaald** of een **bepaald** lidwoord moet invullen.
Een enkele keer moet je ook 'die' of 'dat' invullen.

Gisteren heb ik leuk artikel gelezen in Nederlandse krant. Artikel ging over familie die dertig jaar geleden naar Australië is geëmigreerd. Daar heeft familie nu groot bedrijf. In bedrijf werken veel mensen, ik geloof dat ze ongeveer zestig werknemers hebben. Bedrijf importeert Nederlandse producten, zoals kaas en chocolade. Producten zijn blijkbaar erg populair in Australië.
Familie is nu tamelijk rijk geworden. Ze komen regelmatig terug naar Nederland voor vakantie. Ze hebben groot huis dichtbij Amsterdam. Ik vind het toch wel gek dat mensen die zolang in buitenland wonen, blijkbaar nog steeds sterke band hebben met land waar ze vandaan komen.

## Oefening 6

Beantwoord de volgende vragen. Gebruik *niet* of *geen*.

1  Kun je met deze computer ook films downloaden?

   Nee, je kunt met deze computer _____.

2  Zijn Eric en Thomas gisteravond naar de film geweest?

   Nee, Eric en Thomas zijn _____.

3  Mag je in Nederland alcohol verkopen aan kinderen?

   Nee, je mag in Nederland _____.

4  Weet jij of er nog koffie is?

   Nee, er is _____.

5  Heb jij een bril nodig bij het televisie kijken?

   Nee, ik heb _____.

6   Ga jij deze zomer nog op vakantie?

Nee, ik ga _____.

7   Kun jij schaatsen?

Nee, ik _____.

8   Hebben jouw ouders huisdieren?

Nee, _____.

9   Ga jij elk weekend naar de film?

Nee, _____.

10  Wil je suiker in de koffie?

Nee, _____.

11  Heb jij een woordenboek op cd-rom?

Nee, _____.

12  Heb je de voetbalwedstrijd Nederland-Turkije gezien?

Nee, ik heb _____.

## Oefening 7
Werk samen met twee andere studenten.

Cursist A pakt een kaartje (kopieerblad B3.7) en leest wat erop staat. De andere
twee cursisten proberen te ontdekken wat er op het kaartje staat.
Zij stellen vragen als:
– Is het groot?
– Gebruik je het alleen buiten?
– Vindt iedereen het mooi?

Vragen als 'Is het groot of klein?' mogen **niet** gesteld worden!
Pas wanneer jullie vrij zeker denken te weten wat er op het kaartje staat, stellen
jullie vragen als:
– Is het een videorecorder?

Cursist A reageert met **volledige** zinnen. Bijvoorbeeld:
– Nee, het is **niet** groot.
– Nee, je gebruikt het **niet** alleen buiten.
– Ja, iedereen vindt het mooi.
– Nee, het is **geen** videorecorder.

Let op: alleen 'ja' of 'nee' is dus niet voldoende.
Wanneer het woord geraden is, pakt cursist B een kaartje en worden de vragen aan
hem of haar gesteld.

# 4 Het adjectief

## Oefening 1

Kies het juiste adjectief en vul in. Verander de vorm als dat nodig is.

informatief – moeilijk – nieuw – slecht – prachtig – duur – hoog – belangrijk – dicht – wetenschappelijk – goed – oud

Let op: **de** cursus, **de** fiets, **de** bevolking, **het** boek, **de** bron, **het** onderzoek, **de** vriend.

1 Dat is een _____ cursus. Hij kost 1.000 euro.
2 Sarah heeft een _____ fiets gekocht, want haar oude was gestolen.
3 Nederland heeft een _____ bevolking. Er wonen veel mensen per vierkante kilometer.
4 Het weer in Nederland is vaak _____. Het regent veel en het is koud.
5 Lies heeft een boek van Isabel Allende gelezen. Ze vond het een _____ boek.
6 Het examen was heel _____. Daarom zijn veel studenten gezakt.
7 Aardgas is in Nederland een _____ bron van inkomsten. Het levert veel geld op.
8 Uit een _____ onderzoek is gebleken dat het water in de Rijn sterk vervuild is.
9 In het _____ centrum van die stad zijn veel cafés.
10 Eric is een _____ vriend van Abdelhafid. Ze hebben veel contact met elkaar.
11 Als je vaak naar _____ programma's op de televisie kijkt, leer je veel.
12 Kun jij voor mij dat boek uit die _____ kast pakken? Ik ben te klein, ik kan er niet bij.

## Oefening 2

Vul de juiste vorm van het adjectief in.

Brief van een 14-jarige jongen naar *Achterwerk,* de brievenrubriek van de VPRO-gids.

| | |
|---|---|
| kort | Ik begin mijn _____ briefje zoals de meeste kinderen |
| lief/leuk/goed | beginnen: ik heb _____ ouders, _____ vrienden en _____ cijfers op school. |
| groot | Toch zit ik met een _____ probleem. |
| los | Ik ben nu 14, maar ik kan nog steeds niet met _____ handen fietsen. Soms word ik daarmee gepest door mijn vrienden. Vorige week heb ik een uur geoefend, maar toen ben ik gevallen. |
| boos | Nu zit ik thuis met een gebroken arm, met twee _____ ouders, |
| kapot | en met een _____ fiets. Maar wat erger is: ik kan nog steeds niet |
| los | met _____ handen fietsen. |
| goed | Wie kan mij een _____ advies geven? |

## Oefening 3

Hieronder staan twee advertenties voor vakanties. Er staan geen adjectieven in.
Kijk eerst waar adjectieven kunnen staan. Bedenk zelf adjectieven en vul ze dan in.

---

1

Australië is een vakantieland. Vol natuur, stranden, steden en mensen. U kunt een
tocht in de bergen maken, of u combineert een week aan het strand met een bezoek
aan een van de steden. Australië heeft hotels. Ontdek dit land!

---

2

Sommige mensen gaan naar Italië voor de kunst, anderen gaan voor zaken. Velen
vliegen Alitalia, omdat ze met een humeur willen aankomen. Alitalia zorgt voor
alles. Voor maaltijden. Voor vliegtuigen. Voor medewerkers die zorgen dat u op tijd
aankomt en vertrekt.

---

## Oefening 4

Vul de juiste vorm van de comparatief of de superlatief in.

**Voorbeeld**

| | | |
|---|---|---|
| koud | Nederland is een _____ land dan Egypte, maar Noorwegen is het _____ land van de drie. | |
| | Nederland is een *kouder* land dan Egypte, maar Noorwegen is het *koudste* land van de drie. | |

---

| | | |
|---|---|---|
| 1 | warm | In India is het _____ dan in Canada. |
| 2 | veel | Er komen veel studenten uit Afrika in Nederland studeren, misschien _____ dan vroeger. |
| 3 | weinig | Nu heeft Tim weinig geld, maar toen hij studeerde had hij nog _____ geld. |
| 4 | langzaam | Een boot gaat _____ dan een vliegtuig. |
| 5 | snel | Een motorfiets is _____ dan een fiets, maar een auto is het _____. |
| 6 | druk | Het verkeer is overdag _____ dan 's avonds, maar tijdens het spitsuur is het verkeer het _____. |
| 7 | vol | De trams zijn overdag ook _____ dan 's avonds. |
| 8 | groot | Deze Fiat is _____ dan een Suzuki, maar die Mercedes is de _____ auto van de drie. |
| 9 | duur | Bovendien is de Mercedes ook _____ dan de twee andere auto's. |
| 10 | goed | Het opstel van Els was _____ dan dat van Tim, maar het opstel van Thomas was het _____. |
| 11 | koud donker graag | In de winter, als het _____ en _____ is dan in de zomer, gaan veel mensen _____ met de tram dan met de fiets. |

## Oefening 5

Werk in tweetallen.

Vergelijk steeds a met b en soms ook met c. Bespreek zoveel mogelijk verschillen en overeenkomsten.

**Voorbeeld**

a mijn tas              b jouw tas

Mijn tas is **groter dan** jouw tas. Jouw tas is **mooier dan** mijn tas. Mijn tas was ongeveer **even duur als** jouw tas. Ik vind mijn tas de **leukste** tas. Enzovoort.

| a | b | c |
|---|---|---|
| a Amsterdam | b New York | c Londen |
| a de winter | b de zomer | |
| a vrouwen | b mannen | c kinderen |
| a Nederland | b mijn land | |
| a een studentenflat | b een eigen huis | c een huurhuis |
| a een fiets | b een auto | c een trein |
| a Nederland | b Griekenland | c China |
| a een werknemer | b een manager | c een directeur |
| a bier | b wijn | c likeur |
| a Rembrandt | b Van Gogh | c Karel Appel |
| a De Telegraaf | b De Volkskrant | c NRC Handelsblad |
| a een chirurg | b een leraar | c een caissière |
| a internet via de telefoon | b internet via de kabel | c internet via adsl |

## Oefening 6

De oefening bestaat uit twee delen.

a Werk eerst individueel. Bekijk de lijstjes met namen van voorwerpen of activiteiten die hierna staan. Plaats de voorwerpen of activiteiten in een volgorde van meest belangrijk naar minst belangrijk of van meest gezond naar minst gezond.

b Werk daarna samen in groepjes van drie en vergelijk de lijstjes met elkaar. Bespreek de verschillen. Tot slot kiest elk groepje een woordvoerder. De woordvoerders brengen verslag uit van wat er in hun groepje besproken is.

1 *Voedsel*                               *Het gezondst*          *Het lekkerst*
  – een pilsje
  – een broodje tartaar
  – rundvlees
  – een zak patat
  – een kop koffie
  – bonen
  – een appel
  – een boterham met kaas
  – een banaan

                                          *Het ongezondst*       *Het minst lekker*

2 *Nederlands als tweede taal*            *Het belangrijkst*      *Het moeilijkst*
  – grammaticaregels leren
  – woordenlijsten leren
  – contacten met Nederlanders
  – Nederlandse televisieprogramma's bekijken
  – invuloefeningen maken
  – een Nederlandse cursus volgen
  – Nederlandse boeken en kranten lezen
  – nieuwe woorden leren in de context

                                          *Het minst belangrijk   Het makkelijkst*

3 *Activiteiten voor de vrije tijd*      *Het nuttigst*      *Het leukst*
   – in je bed liggen
   – televisie kijken
   – lezen
   – dansen
   – een museum bezoeken
   – voetballen
   – koken
   – bodybuilding
   – naar de bioscoop gaan

                                                *Het minst nuttig*      *Het minst leuk*

4 *Schoolvakken*      *Het nuttigst*      *Het interessantst*
   – vreemde talen
   – techniek
   – gymnastiek
   – wiskunde
   – biologie
   – muziek
   – geschiedenis
   – kookles

                                                *Het minst nuttig*      *Het minst interessant*

## Oefening 1

Lees de volgende tekst. Onder sommige pronomina staat een streep. Waarnaar verwijzen die woorden?

**My Funny Valentine**

Als ik aan Lies denk, denk ik altijd aan 'My Funny Valentine'. <u>Dat</u> was twee jaar geleden <u>haar</u> favoriete liedje. <u>Ze</u> zong het 's morgens, 's middags en 's avonds. We woonden samen in een studentenflat. Vaak aten we samen, meestal op haar kamer. <u>Die</u> was rustiger en groter dan <u>de mijne</u>. Ze vertelde me vaak over <u>haar</u>
5 vriend Tim.
<u>Die</u> was niet mooi, niet perfect, maar Lies hield van <u>hem</u> en voor haar hoefde hij niet anders te zijn dan <u>hij</u> was, net als in dat liedje 'My Funny Valentine'.
Tim was bijna klaar met <u>zijn</u> studie. Na zijn studie wilde hij graag naar het buitenland om daar te gaan werken.
10 'Waarom ga <u>je</u> niet met <u>me</u> mee?' vroeg <u>hij</u> altijd aan Lies, maar <u>dat</u> wilde ze niet. Dan moest ze met <u>haar</u> studie stoppen.
Op een dag kwam ik haar kamer binnen. In haar hand hield ze haar favoriete cd. <u>Ze</u> liep naar het raam, deed <u>het</u> open en gooide <u>hem</u> naar buiten. '<u>Je</u> favoriete cd! En <u>die</u> gooi je gewoon uit het raam? Dat begrijp ik niet!'
15 '<u>Hij</u> gaat weg, naar Japan, hij heeft daar een baan gekregen.
Ik wil <u>hem</u> nooit meer zien!' De volgende dag aten <u>we</u> samen, zonder te zingen.
Ze heeft het liedje volgens mij nooit meer gezongen. Arme Lies.

**Voorbeeld**

1 Dat:     *My Funny Valentine*

| 2 haar: _____ | 10 hij: _____ |
| 2 Ze: _____ | 10 dat: _____ |
| 4 Die: _____ | 11 haar: _____ |
| 4 de mijne:_____ | 13 Ze: _____ |
| 4 haar: _____ | 13 het: _____ |
| 6 Die: _____ | 13 hem: _____ |
| 6 hem: _____ | 13 Je: _____ |
| 7 hij: _____ | 14 die: _____ |
| 8 zijn: _____ | 15 Hij: _____ |
| 10 je: _____ | 16 hem: _____ |
| 10 me: _____ | 16 we: _____ |

## Oefening 2

In de tekst hieronder zijn te weinig pronomina gebruikt. Veel van de vetgedrukte woorden kunnen worden vervangen door pronomina. Besluit welke woorden vervangen kunnen worden en kies de juiste pronomina: het – hij – hem – ze – die – dat.

---

**Wat heb je nodig als je naar Nederland komt?**

*Een paraplu*
**Een paraplu** heb je niet altijd nodig. Als het mooi weer is, laat je **de paraplu** thuis. Als je denkt dat het kan gaan regenen, neem je **de paraplu** mee. Soms heb je **de paraplu** voor niets meegenomen. Vaak vergeten mensen **hun paraplu** ergens. **De paraplu** blijft dan eenzaam achter in de tram, de bioscoop of het café of **de paraplu** wordt door iemand anders meegenomen. Zo wisselen **paraplu's** regelmatig van eigenaar.

*Een woordenboek*
Zonder **een woordenboek** ben je nergens. Als je naar de cursus gaat, zit **het woordenboek** in je tas. **Het woordenboek** gaat mee naar de supermarkt en naar het restaurant. **Het woordenboek** ligt op je bureau binnen handbereik. **Woordenboeken** zijn er in allerlei soorten, maten (en prijzen) en je kunt **woordenboeken** in iedere boekhandel kopen. Na enige tijd ga je **het woordenboek** echter minder en minder gebruiken en dat kunnen we niet zeggen van de paraplu.

---

## Oefening 3

Lees de tekst door en vul de juiste pronomina in. Het gaat hier om pronomina waarmee je kunt verwijzen naar personen. Soms is het beter om met 'die' of 'dat' te verwijzen.

Lieve Tessa,

Volgende week kom je dus voor een korte vakantie naar Nederland. _____ verheug me er erg op. _____ hebben elkaar zo lang niet gezien. Helaas kan _____ _____ niet zelf af komen halen van Schiphol. Precies op die dag komt _____ moeder uit het ziekenhuis en ik wil _____ natuurlijk graag met de auto naar huis brengen.
Gelukkig is _____ geen probleem, want mijn buren willen _____ wel afhalen. _____ staan al om acht uur 's avonds in de aankomsthal en _____ zullen daar op _____ wachten.
Ik zal _____ beschrijven, zodat je _____ herkent.
Henk Verschuilen is een man van ongeveer 45 jaar. Toch is _____ haar al behoorlijk grijs. _____ draagt een bril en je kunt _____ onmiddellijk herkennen aan _____ grote snor. Er zijn niet veel mensen met zo'n grote snor!
_____ vrouw, Madelon, is klein, veel kleiner dan _____ man.
_____ haar is rood en ook _____ draagt een bril.
Henk en Madelon zullen ook _____ twee kinderen (een twee-ling) meenemen. _____ vinden het heel spannend om naar Schiphol te gaan. _____ lijken sprekend op elkaar. _____ hebben allebei rood haar, net als _____ moeder.
_____ zult ze dus wel herkennen, denk ik. _____ moet toch wel lukken met zo'n familie!
Volgende week zullen _____ elkaar dus eindelijk weer zien.
Wat zullen we veel te bespreken hebben. Goede reis en wees voorzichtig!

Liefs, Lies

## Oefening 4

Lees de tekst en vul de juiste pronomina in.

**De boedelscheiding***

Els en Thomas gaan scheiden. Na twee jaar samenwonen hebben ze besloten uit elkaar te gaan, ieder naar een eigen woning. Het verdelen van de spullen is niet eenvoudig, want ze hebben de laatste jaren veel samen gekocht.

Els:     Neem jij die boekenkast maar, Thomas, ik kan _____ in mijn nieuwe flat toch nergens plaatsen. En deze keukenstoelen mag je ook meenemen. Volgens mij heb jij _____ ooit van je ouders gekregen.

Thomas:  Nee, die stoelen wil ik niet. Ik heb er geen plaats voor. Geef _____ maar aan je broer en zijn vriendin. Kunnen zij _____ niet gebruiken in _____ nieuwe huis?

Els:     Ik zal het aan _____ vragen. Wat zullen we doen met de tv? Wil jij _____?

Thomas:  Ja, _____ wil ik graag hebben en ook de videorecorder.

Els:     Goed hoor, je kunt _____ allebei krijgen. Ik heb al een nieuwe tv met dvd-speler gekocht. _____ staat tijdelijk bij mijn zus. _____ zal het wel jammer vinden dat ze _____ binnenkort moet teruggeven. Maar ja, afspraak is afspraak. Ik heb _____ gezegd dat het tijdelijk was.

Thomas:  Weet jij nog van wie we deze klok hebben gekregen?

Els:     Ja, van mijn ouders. Ik wil _____ graag hebben. _____ komt goed van pas in mijn nieuwe werkkamer. Die klok is nog van mijn grootouders geweest. Ik heb _____ beloofd dat ik hem nooit zal wegdoen. Tja, en wat zullen we doen met onze bank? _____ willen we waarschijnlijk allebei wel. _____ is nog zo goed als nieuw.

Thomas:  Ja, _____ geldt trouwens ook voor de stoelen die erbij horen. _____ willen we natuurlijk ook allebei graag hebben.

Els:     Oké, ik heb een oplossing. Jij krijgt de bank en de stoelen zijn dan voor _____. Of andersom: de stoelen voor _____ en de bank voor _____.

Thomas:  Prima, ik wil de bank wel. Die vind ik eigenlijk heel mooi. Dan gaan we nu de boeken verdelen. Als jij eerst _____ boeken verzamelt, dan kan ik daarna de _____ pakken. Als je _____ in deze dozen doet, breng ik _____ vanavond meteen even bij je langs.

Els:     Dat is goed. Hé, kijk, er ligt nog een fles wijn in de kast. Moeten we _____ ook niet verdelen?

Thomas:  Ja, pak maar twee glazen en een kurkentrekker. Dan zullen we zorgen dat de inhoud eerlijk gedeeld wordt.

* Verdeling van de spullen na een scheiding.

## Oefening 5

Werk in groepjes van twee of drie. Kies om beurten een van de volgende personen of voorwerpen. Beschrijf de persoon of het voorwerp zonder het te noemen. De ander moet raden waarover je praat.

**Voorbeeld**

Gekozen woord: de krant

**Hij** komt elke dag.
**Hij** is niet duur.
Je kunt **hem** kopen bij de sigarenwinkel.
Ik lees **hem** terwijl ik zit te ontbijten.

de aardappels
de auto
de bank
de bioscoop
de brieven
de broer/de zus
de docent
de dollar
de euro
de film
de goede vriend/vriendin
de kat
het paard
het mobieltje
de minister-president van Nederland
de neef/nicht
de president van de Verenigde Staten
de rijst
de stoelen
het tapijt
de student
de televisie
de trein
de vader
het bed
het boek
het konijn
het tijdschrift
Koningin Beatrix
pasta (spaghetti, macaroni en dergelijke)

# Preposities en woordgroepen

## Oefening 1
Verdeel de volgende zinnen in delen zoals de voorbeeldzin.

Op vrijdag en zaterdag / werkt / Tessa / in een echt Amsterdams café.

1 Hij heeft zijn oude schoolvriend sinds zijn verhuizing naar Rotterdam nooit meer gezien.
2 Voor de les van dinsdag moet je oefening 1 en 2 maken.
3 Vanaf de dertiende eeuw beschermde men Nederland tegen de zee door middel van dijken.
4 De door Tessa getypte tekst zat vol fouten.
5 De gebouwen van de Universiteit van Amsterdam zijn over het centrum van de stad verspreid.
6 Binnen dit door hem bestudeerde economische model bestaat geen vrije concurrentie.
7 De nieuwe docente beoordeelde de door de leerlingen geschreven opstellen erg streng.
8 Door het gebruik van computers ontstaan er allerlei nieuwe mogelijkheden binnen het onderwijs.
9 In zijn opstel over het onderwijssysteem in India zaten heel veel grammaticale fouten.
10 Door het ongeluk was de trein uit Roosendaal te laat.

## Oefening 2
Herschrijf de volgende zinnen zoals de voorbeeldzin. Je houdt dan de belangrijkste informatie over.

**Voorbeeld**

Ruim tienduizend in schilderkunst geïnteresseerde personen hebben de vorige maand door de minister geopende tentoonstelling bezocht.
*Ruim tienduizend personen hebben de tentoonstelling bezocht.*

1 Mijn rijke tante uit Zweden brengt altijd veel dure en bijzondere cadeautjes mee als ze komt.

2 De door mij bekeken foto's heb ik in die oude kast gelegd.

3 Uit deze onlangs in de krant gepubliceerde gegevens kunnen we concluderen dat de economie bloeit.

_____

4 Het door die professor gepubliceerde boek is uitgebreid besproken in een aantal bekende binnen- en buitenlandse kranten.

_____

5 Op deze door de heer R. Jansen genomen foto kunnen we het in 1986 afgebroken postkantoor aan de Lelylaan zien.

_____

## Oefening 3

Vul het werkwoord met de vaste prepositie in. Let op de vorm van de werkwoorden en op de plaats van de vaste prepositie. Gebruik Bijlage 3 uit het tekstboek.

bemoeien 1 Werknemers van Albert Heijn mogen in hun pauze niet meer roken. Ook niet op straat. Mag de werkgever zich _____ _____ het privé-leven van zijn personeel of gaat dit te ver?

besteden 2 Op het internet kunnen leraren informatie vinden over hoe ze in hun lessen aandacht kunnen _____ _____ culturele overeen-komsten en verschillen tussen leerlingen.

genieten 3 Sommige mensen zijn blij om met pensioen te gaan. Eindelijk hebben ze alle tijd om volop _____ het leven te _____.

leiden 4 Tegenwoordig wordt er veel gesproken over overgewicht. Iedereen weet dat overgewicht kan _____ _____ suikerziekte en hartpro-blemen. Toch vinden veel mensen het moeilijk hun eetpatroon te veranderen.

rekenen 5 Als je in het weekend gaat verhuizen, kun je _____ _____ mijn hulp. Door de week heb ik helaas geen tijd, want dan moet ik werken.

voorzien 6 Tijdens het examen worden alle studenten _____ pen en papier _____.

zorgen 7 Wie _____ er _____ je katten als je op vakantie bent?

afhangen 8 Ik weet niet of we dit weekend kunnen gaan tennissen. Dat zal _____ het weer _____.

inschrijven 9 Tegenwoordig kun je je via het internet _____ allerlei cursussen _____.

schamen 10 Als je erg verdrietig bent, mag je je tranen laten stromen. Je hoeft je niet _____ je tranen te _____. Huilen is bovendien gezond.

slagen 11 We zijn allemaal _____ ons examen _____. In het weekend geven we een groot feest.

verheugen 12 Wij _____ ons erg _____ onze vakantie in Zweden. We hebben er heel veel zin in.

# 7

# De hoofdzin

## Oefening 1

Zet de volgende zinsdelen in een goede volgorde, zodat er correcte Nederlandse zinnen ontstaan. Vaak zijn er meer mogelijkheden.

1  een prachtig concert / gisteravond / ik / gehoord / heb / in het Concertgebouw

_____

2  hebben / regelmatig / persoonlijke informatie van docenten en leerlingen / gezet / drie vwo-leerlingen van het Driestar College in Gouda / op internet / het afgelopen jaar

_____

3  zal / binnen nu en tien jaar / veranderen / dit deel van Amsterdam / volgens het onderzoeksbureau O+S / sterk

_____

4  stimuleren / de ouders / door hen veel voor te lezen / kunnen / de taalverwerving van hun kinderen

_____

5  worden / proefdieren / in dat laboratorium / gebruikt / op grote schaal

_____

6  per 1 januari / zal / de tarieven / met veertig procent per ticket / moeten verlagen / door de felle concurrentie met prijsvechters als Ryanair en Easyjet / KLM

_____

7  de Duitse film *Gegen die Wand* / hebben / uitgeroepen / de Nederlandse film-journalisten / tot beste film van het jaar

_____

8  moet / de Nederlandse overheid / om de ontwikkeling van alternatieve energie te stimuleren / volgens de milieubeweging / meer / doen

_____

9  geld / heeft / om te kunnen investeren / elk bedrijf / nodig

_____

10  praten / met hun vrienden / over hun kinderen / steeds / sommige ouders

## Oefening 2

Lees de volgende brief. Deze brief is wat saai omdat alle zinnen dezelfde opbouw hebben: op de eerste plaats staat steeds het subject, dan volgt de persoonsvorm en daarna volgen de andere zinsdelen. Zorg voor meer variatie in de zinsbouw en controleer of de zinnen hierdoor beter op elkaar aansluiten.

De Nieuwe Dag
Spuistraat 555
1017 CK Rotterdam

E. de Draayer
Singel 33
1200 CK Leerdam

Datum: 1 januari 2005

Betreft: opzeggen abonnement

Geachte heer/mevrouw,

Ik heb sinds twee jaar een abonnement op uw krant. Ik was altijd heel tevreden over de krant. Ik heb de laatste tijd echter veel problemen met de bezorging. De krant wordt zeker drie keer per week niet bezorgd. Ik ontvang de krant meestal pas laat in de middag na een telefoontje met de bezorgafdeling. Ik heb hierover met de afdeling gesproken. Er is toch niets veranderd. Ik heb de krant afgelopen week weer twee dagen moeten missen. Het lukt u blijkbaar niet duidelijke afspraken met de krantenbezorger te maken. Ik heb daarom besloten mijn abonnement per 1 januari op te zeggen.

Hoogachtend,

E. de Draayer

## Oefening 3

Lees de tekst snel door.
Werk in tweetallen. Lees om beurten een zin. Begin de zin met het onderstreepte gedeelte.

# Personeel overbodig bij vertrek van Schiphol

SCHIPHOL (ANP) – Passagiers kunnen vanaf de komende zomer op de C-pier van Schiphol geheel zelfstandig inchecken en instappen. Personeel is dan niet meer nodig, alles verloopt elektronisch. De luchthaven heeft dat woensdag meegedeeld.

Het was al mogelijk om zelf in te checken door middel van een elektronisch ticket. Bij twee gates kunnen passagiers vanaf woensdag ook zelfstandig in het vliegtuig stappen. Ze hoeven niet langer hun zogenoemde boarding pass aan een grondstewardess te laten zien.

Bij de gates C11 en C13 staan deuren die automatisch opengaan als de boarding pass is gescand. Reizigers kunnen dan naar hun stoel lopen zonder tussenkomst van personeel. Het blijft echter voorlopig ook nog mogelijk op de normale manier aan boord van het vliegtuig te gaan, zei een woordvoerster van Schiphol.

Het zelfstandig instappen moet het vertrek veel sneller laten verlopen. Bovendien besparen de luchtvaartmaatschappijen veel geld als passagiers alles zelf doen. Schiphol betaalt de benodigde apparaten.

De luchthaven heeft bij de ontwikkeling van het systeem nauw samengewerkt met KLM. Deze maatschappij regelt bijna alle vluchten vanaf de C-pier, waaronder ook die van Transavia, Maersk en Meridiana. Ook andere maatschappijen kunnen binnenkort gebruikmaken van het nieuwe systeem.

Bron: SPITS Actueel, woensdag 29 december 2004, 10:37 (internet).

## Oefening 4

Maak de volgende zinnen af.

1 Dit is een openbaar gebouw, dus je _____.

2 Thomas kan heel goed leren maar _____.

3 Weet je waarom ik Amsterdam zo'n leuke stad vind? Op de eerste plaats is het

  een gezellige, kleine stad en _____.

4 Ik voel me heel gelukkig, want _____.

5 Els heeft Tim voor haar feest uitgenodigd, maar _____.

6 Ik denk dat Abdelhafid heel geschikt is voor die baan, want _____.

7 Spaghetti is heel makkelijk klaar te maken, dus _____.

8 Helaas kan ik momenteel de telefoon niet beantwoorden, want _____.

9 Zullen we zaterdagmiddag naar de film gaan of _____?

10 Eric en Tim hebben een nieuw computerprogramma geïnstalleerd, maar

  _____

## Oefening 5

Maak de zinnen af. Bekijk of je de persoonsvorm, het subject of nog meer zinsdelen weg kunt laten.

**Voorbeeld**

Eric zal een sollicitatiebrief sturen naar Telfort en ...
Eric zal een sollicitatiebrief sturen naar Telfort en **naar de KPN**.
Weggelaten: *Eric zal een sollicitatiebrief sturen*

1 Volgend jaar ga ik Nederlands studeren of _____.

2 Hij weet veel van politiek. Waarschijnlijk leest hij elke dag de krant of

_____.

3 Tim en Els gaan in Utrecht wonen of _____.

4 In het weekend doet Thomas meestal zijn boodschappen en

_____.

5 Heb je de planten water gegeven en _____?

6 We zullen de nieuwe woorden leren en _____.

7 Koop je je nieuwe computer bij Mycom of _____?

# 8 De vraagzin

## Oefening 1

Onderstreep de werkwoorden. Soms hoort er ook een prepositie bij het werkwoord. Zet dan een pijl van het werkwoord naar de prepositie.

Met wie <u>heb</u> je een uur geleden <u>gepraat</u>? ⟶ Met Thomas.

| | |
|---|---|
| 1 Wie heeft dat gezegd? | – Sarah zei dat. |
| 2 Waarover heb je uur geleden gepraat? | – Over een reis naar Chili. |
| 3 Van wie houd je het meest? | – Van Eric. |
| 4 Wat zullen we vanavond doen? | – Laten we naar de film gaan. |
| 5 Wie is dat? | – De vriend van mijn zus. |
| 6 Waarop heb je zolang gewacht? | – Op bus 18. |
| 7 Wat zeg je? | – O, niets... |
| 8 Waarvan houd je het meest? | – Van patat. |
| 9 Aan wie zit je te denken? | – Aan mijn vriendin. |

Hoe moet je de vraag stellen bij een werkwoord met een prepositie?

Bij dingen gebruik je: _____
Bij mensen gebruik je: _____

## Oefening 2

Bedenk vragen bij de volgende antwoorden.

1 _____

Ja, dat heb ik wel eens gedaan.

2 _____

Dansen is iets wat ik nu echt heel graag doe.

3 _____

Met Tom Cruise.

4 _____

Naar een interessant televisieprogramma over Amsterdam.

5 _____

Malta, Kreta en Corsica.

6 _____

Toen ik zeventien was.

7 _____

Voor olifanten en muizen.

8 _____

Omdat ik dat heel fijn vind.

9 _____

Over Nelson Mandela.

10 _____

M'n buurman.

11 _____

Naar de muziek van Celine Dion.

12 _____

Nooit.

## Oefening 3

Dit is een gesprekje tussen twee docenten. Ze praten over een nieuwe collega.
Lees eerst de antwoorden even door. Bedenk dan vragen bij de antwoorden.

Hans:      Ken jij Camille Noorddijk?
Henk:      Nee, die ken ik niet. Hoezo?

Hans:      Nou, die komt bij ons werken. _____?

Henk:      Nee, ik wist niet dat we er een collega bij kregen.
Hans:      Dat is pas sinds een paar dagen bekend. Ik ken hem en ik kan je zeg-
           gen dat hij vreselijk aardig is. Maar hij is ook een beetje gek.

Henk:      _____

Hans:      Nou, bijvoorbeeld als hij iets in z'n hoofd krijgt, doet hij het ook
           meteen. Zo zat hij een tijdje geleden in geldnood en toen bedacht hij
           dat het leuk zou zijn om met z'n gitaar de straat op te gaan en daar
           liedjes te zingen.

Henk:      _____

Hans:      Ja, dat leverde hem zo'n 150 euro in twee uur op.

Henk:      _____

Hans:      Ik heb hem leren kennen tijdens een vakantie in Rome.

Henk:      _____

Hans:     Dat was in 2003. Hij stond toen liedjes te zingen in een restaurant en
          we raakten aan de praat.

Henk:     _____

Hans:     In de afgelopen jaren heb ik 'm af en toe gezien.

Henk:     _____

Hans:     Ik denk dat ik het meest met hem samen zal moeten werken omdat hij
          op mijn afdeling geplaatst zal worden.

Henk:     _____

Hans:     Ja hoor, het lijkt me wel leuk om met een nieuwe collega samen te
          moeten werken.

## Oefening 4

Werk in tweetallen. Cursist A neemt een persoon van de lijst hieronder in gedachten.
Cursist B stelt vragen om te ontdekken welke persoon cursist A 'is'. Cursist A moet
korte antwoorden geven waarin niet te veel informatie over de persoon van de lijst
zit. Cursist B moet raden wie cursist A is en mag slechts twee keer een naam van
de lijst noemen.

| | | |
|---|---|---|
| Madonna | George W. Bush | Prins Bernard |
| Michael Jackson | Harry Mulisch | J.F. Kennedy |
| Prinses Máxima | Frank Sinatra | Donald Duck |
| Elvis Presley | Vincent van Gogh | René Descartes |
| Zinedine Zidane | Robbie Williams | Billie Holiday |
| Nicole Kidman | Marilyn Monroe | Edgar Allan Poe |
| Pablo Neruda | Marlene Dietrich | Rembrandt van Rijn |
| Cleopatra | Anthony Hopkins | Micky Mouse |
| Maria Callas | Franz Kafka | Napoleon |
| Nelson Mandela | Robert de Niro | Koningin Beatrix |
| Salman Rushdie | Kofi Annan | Harry Potter |

## Oefening 5    Schrijfoefening

Je werkt in groepjes van twee. Kies allebei een van de personen uit oefening 4.
Stel dat je deze persoon zou mogen interviewen. Welke vragen zou je hem stellen?
Schrijf tien vragen op.
Wissel nu je papier en beantwoord schriftelijk alle vragen van je buurman alsof jij
de beroemde persoon bent. Als je klaar bent, lees je de interviews samen door.

# 9 Bijzinnen en conjuncties

## Oefening 1

Schrijf onder de volgende zinnen wat de hoofdzin en de bijzin(nen) zijn.
Zet een streep onder de conjunctie.

Zet een ☐ rond de persoonsvorm.

Zet een ‿‿‿‿ onder het subject.

**Voorbeeld**

Toen de gasten vertrokken , zwaaide hij naar hen totdat ze de straat uit waren .
*Bijzin +                    hoofdzin +              bijzin*

1  Mijn broer repareert zijn auto altijd zelf als hij kapot is.

2  Hoewel het erg koud was, besloten we toch een wandeling langs het strand te maken.

3  Nadat de president door de koningin was ontvangen, volgde het officiële bezoek aan het Rijksmuseum.

4  Kun jij even aan Tim vragen of hij ook een kaartje voor het concert wil?

5  Gisteren heeft Abdelhafid examen gedaan, maar hij weet nog niet of hij is geslaagd.

6  Als u voor deze baan in aanmerking wilt komen, moet u uw sollicitatiebrief vóór 10 september opsturen.

7  Toen Els van vakantie terugkwam, moest ze meteen weer gaan werken.

8  De dokter zei dat ik de medicijnen drie keer per dag moest innemen.

9 Sinds Thomas in Nederland woont, heeft hij zijn familie niet meer gezien.

_____

10 Hij zegt dat hij zal komen als hij genoeg tijd heeft.

_____

## Oefening 2
Vul een juiste conjunctie in.
Let op: er zijn meer mogelijkheden.

1 Tim kwam te laat op de les, _____ de trein vertraging had.
2 _____ je je voor die cursus inschrijft, moet je eerst informatie vragen.
3 De journalist vroeg aan de minister _____ hij al een beslissing had genomen.
4 Voor die baan kom je alleen in aanmerking, _____ je een universitaire opleiding hebt gevolgd.
5 Hij is veel gezonder, _____ hij met roken gestopt is.
6 Thomas blijft in Nederland wonen, _____ hij klaar is met zijn studie.
7 _____ de cursisten de toets maken, leest de docent rustig de krant.
8 _____ iedereen door elkaar zit te praten, kunnen we elkaar natuurlijk niet verstaan.
9 _____ ik goed weet _____ roken ongezond is, rook ik toch zo'n twintig sigaretten per dag.
10 In dat land is van vrijheid geen sprake meer _____ die dictator aan de macht is gekomen.

## Oefening 3
Vul een juiste conjunctie in

**1 Aan het werk _____ iedereen slaapt.**
Niet alleen dokters en de politie moeten 's nachts klaar staan. Ook in het verkeer zijn er taken die 's nachts uitgevoerd moeten worden, _____ het verkeer er overdag geen last van heeft.
Marcel Verdun (technisch sectorchef spoorwegen): 'Ik organiseer de werken op de spoorlijn tussen Leuven en Brussel. _____ ik in de ochtend de sporen heb gecontroleerd, kan ik 's middags een werkplan maken. Ik meld bij de spoormanager welke gedeelten van het spoor die avond niet gebruikt mogen worden. 's Avonds laat gaan de mannen naar de plek waar iets hersteld moet worden. Om middernacht, _____ de laatste reizigerstrein voorbij is, wordt het spoor buiten dienst gesteld en kunnen we beginnen met het werk. Dat moet voor de ochtend klaar zijn, _____ de ochtendtreinen zonder gevaar kunnen passeren. De treinen moeten vlot en veilig rijden. _____ er iets misgaat moet ik kunnen bewijzen dat de sporen tiptop in orde waren.'

**2 Closer**
De Brit Patrick Marber kreeg in 1998 de Laurence Olivier Award voor zijn theaterstuk *Closer*, _____ hij eerder ook al de Time Out Award had gekregen. Inmiddels is het toneelstuk in meer dan honderd steden gespeeld.
*Closer* toont de eerste en laatste ontmoetingen van twee echtparen: Alice & Dan en Anna & Larry. _____ het theaterstuk alleen de eerste en laatste ontmoetingen van de twee echtparen laat zien, krijgen we geen compleet beeld van de relaties. Daar ligt echter vooral de verklaring voor het succes van het verhaal. _____ we alleen de hoogtepunten (de verliefdheid) en de dieptepunten (de ontrouw) zien, wordt *Closer* een verhaal vol heftige emoties.
_____ *Closer* geen gemakkelijk stuk is, is de filmwereld er toch in geïnteresseerd geraakt. Het verhaal wordt nu verfilmd door Mike Nichols. Eind jaren zestig maakte hij naam met *The Graduate*. _____ hij sindsdien interessante films bleef maken, kwam het echte grote succes pas weer in 2004 met *Angels in America*.

### 3 Sporten

Lees deze informatie goed door _____ u begint met sporten.
Kies een sport die u leuk vindt. _____ u plezier hebt in het sporten, zult u het
beter volhouden. _____ u nog geen geschikte sport hebt gevonden, is het goed
een sport te kiezen die u leuk vindt en die bij u past, _____ u zo'n sport makke-
lijker kunt volhouden. _____ u bijvoorbeeld graag buiten komt, kunt u een
buitensport kiezen, zoals wandelen. _____ u liever binnenblijft, dan kunt u
denken aan zwemmen of badminton.
Probeer in elk geval regelmatig te sporten. Sport bijvoorbeeld elke zaterdag en
elke woensdag, _____ het een gewoonte wordt.
Zoals voor veel dingen geldt ook voor sport _____ regelmaat het meeste effect
heeft. Een vuistregel is: doe twee tot drie maal per week zo'n twintig tot dertig
minuten aan sport.
In sommige gevallen is het sterk aan te raden _____ u zich medisch laat keuren
_____ u gaat sporten. U kunt dit laten doen bij de huisarts of bij een sportarts.

## Oefening 4

Maak van de volgende twee zinnen steeds één zin.

1 Hij heeft een huis gekocht.          Eigenlijk had hij niet genoeg geld.

_____

2 Els woont tegenover een park.        Ze gaat een paar keer per week wandelen.

_____

3 Veel mensen nemen een bosje          Ze gaan op bezoek bij vrienden of
bloemen mee.                           kennissen.

_____

4 Ik verstuur deze officiële brief.    Ik controleer nog even of er echt geen
                                       fouten meer in staan.

_____

5 Thomas vertelde een leuke mop.       De hele groep begon hard te lachen.

_____

## Oefening 5

Maak de volgende zinnen af.

1 Als _____, moet je een boete van 25 euro betalen.

2 Ik wil niet naar Canada emigreren, omdat _____.

3 Ik wil even tegen je zeggen dat _____.

4 Sinds _____, is hij heel gelukkig.

5 Ik zit vaak te lezen, terwijl _____.

## Oefening 6
Maak de volgende zinnen af

1 Doordat _____,

   kreeg ik een hoge rekening van Telfort. Wat minder vaak mobiel bellen, dus.

2 Nadat _____,

   konden we eindelijk rustig de krant lezen.

3 We hebben in november 100 tulpenbollen in de grond gezet,

   zodat _____.

4 Sinds _____,

   durft Tim niet meer in een vliegtuig te stappen.

5 Zodra _____,

   wil ik mijn rijbewijs halen.

6 Wanneer _____,

   kun je het beste een annuleringsverzekering afsluiten. Tenslotte kan er in tien
   maanden nog van alles gebeuren waardoor je reis niet doorgaat.

7 Voordat _____,

   moet je je laten vaccineren. Zeker als je naar Afrika of Azië gaat, is dat heel
   belangrijk.

8 Thomas gaat vaak op vrijdagavond naar de disco,

   terwijl _____.

9 Sarah wist niet hoe het is om verliefd te zijn,

   totdat _____.

10 Toen Eric en Thomas in Parijs waren, _____.

## Oefening 7
Werk in groepjes van drie. Ieder krijgt een papier met vijf delen van zinnen
(kopieerblad B9.7). Cursist A leest de eerste halve zin op zijn/haar papier voor en
cursist B probeert deze zin af te maken. Dan leest B de eerste halve zin voor en C
probeert hem af te maken. Tot slot leest C een halve zin en A maakt deze zin af.
Daarna wordt hetzelfde gedaan met de volgende halve zinnen.

Probeer redelijk snel te reageren. De zinnen hoeven niet opgeschreven te worden.
Corrigeer elkaars zinnen, let daarbij vooral op de plaats van de werkwoorden en op
de werkwoordstijden.

## Oefening 8

Werk in tweetallen. Cursist A krijgt een papier met vier situaties (kopieerblad B9.8a).
Cursist B krijgt een papier met vier reacties (kopieerblad B9.8b).
A leest de situatie en stelt een vraag of doet een voorstel.
B leest de reactie en geeft een antwoord met de conjunctie die erbij staat.
Deze oefening doe je mondeling, dus je hoeft niets op te schrijven.

Daarna wordt de situatie omgedraaid: B krijgt nu een papier met situaties en A
krijgt een papier met reacties. Doe verder hetzelfde als hierboven.

## Oefening 9

In de volgende tekst van een student staat een aantal fouten. Probeer de fouten te
corrigeren met behulp van de aanwijzingen voor het verbeteren van schrijfopdrachten.
Welke fouten maakt deze student vooral? Welke hoofdstukken moet hij herhalen?

---

**Drama in Zevenhuizen**

In het plaatsje Zevenhuizen heeft zich afgelopen weekend een klein drama afgespeeld.

                    14

In het voorjaar er begon een zogenaamde 'zonnebloemenactie'. Deze werd

        15                                                    14

georganiseert door de plaatselijke supermarkt, omdat de supermarkt bestond precies
25 jaar.

                                                            14

De eigenaar van de grootste zonnebloem zou een jaar lang mogen gratis bood-

                        3

schappen doen. Op drie augustus zouden de winnaar bekend worden gemaakt.

                                                    15

Al in de maand juli zag je in diverse tuinen in het stadje groote zonnebloemen

staan. Op twee augustus leek de oudste bewoonster van Zevenhuizen de wedstrijd

                        14

te gaan winnen, omdat was haar zonnebloem al meer dan twee meter lang. Toen de

    15                                                        6

bewooners van Zevenhuizen echter op drie augustus uit hun huizen komen om naar

                                            6                      15

de afloop van de wedstrijd te gaan kijken, ontdekken ze tot hun grote verbaazing

                                    3              3                    1

dat er geen zonnebloem meer rechtop stonden. Men begrepen er niets van. hoe

                                                14

konden al die zonnebloemen omgewaaid zijn, terwijl was het de hele nacht windstil

                    1                                              15

geweest? Dat was onmogelijk ze moesten dus wel omgehakt zijn. De politie starte

                                                                14

onmiddellijk een buurtonderzoek, maar de daders tot nu toe niet gevonden zijn.

## Oefening 10

Je werkt in tweetallen. Je moet een verhaaltje schrijven over elkaar door de zinnen af te maken die hierna staan. Bedenk zelf de vragen die je moet stellen om de juiste informatie te krijgen.

**Voorbeeld**

In de tekst staat: Zodra de cursus is afgelopen ...
Je moet dan aan je partner vragen:
'Wat doe jij na deze cursus?' of: 'Wat ga je doen zodra de cursus is afgelopen?'
Het antwoord kan zijn: 'Dan ga ik op vakantie.'
Je vult dan in:
Zodra de cursus is afgelopen, *gaat zij op vakantie.*

_____ kwam in Nederland toen hij/zij _____.

Voordat hij/zij in Nederland kwam, _____.

Hij/zij volgt een cursus Nederlands, omdat _____

Zodra de cursus is afgelopen, _____.

Hij/zij vindt Nederland een/geen leuk land, omdat _____.

In het weekend _____ of _____.

Toen hij/zij nog in zijn/haar eigen land woonde, _____

maar nu _____.

Hij/zij wil zeker in Nederland blijven totdat _____.

Misschien gaat hij/zij ooit nog trouwen, maar voordat hij/zij gaat trouwen,

_____.

## Oefening 1

– Onderstreep alle infinitieven in het volgende verhaaltje.
– Schrijf 'te' voor de infinitieven als dat nodig is.

Thomas wilde vanmiddag in de bibliotheek studeren. Hij ging eerst een kopje koffie in de kantine halen. Daar zag hij Tessa zitten. Ze zat alleen aan een tafeltje een boek lezen. Hij ging even bij haar zitten en ze begonnen praten.

Tessa vertelde dat ze gisteren bij de politie was geweest. Tegen de politieagent probeerde ze Nederlands praten, maar hij begon meteen Engels tegen haar spreken. Ze durfde niet tegen de politieagent zeggen dat ze dat vervelend vond. Ook bij Thomas gebeuren zulke dingen vaak. Vorige week had Thomas in een café een glas bier gedronken. Toen hij wilde betalen, zei de ober: 'That is 2 euro's, please.' Thomas had gezegd dat de ober geen Engels hoefde spreken, omdat hij Nederlands begreep. Maar toen hij het geld aan de ober gaf, zei die ober toch weer 'Thank you'.

Thomas probeert zoveel mogelijk Nederlands spreken om oefenen, maar de meeste Nederlanders gaan meteen Engels tegen hem spreken. Waarschijnlijk vinden Nederlanders het leuker om Engels spreken. Volgens Thomas is er maar één manier: je moet gewoon zeggen dat je geen Engels kunt spreken. En natuurlijk moet je dan niet zeggen: 'Sorry, I don't speak English'!

## Oefening 2

Maak de volgende zinnen af. Gebruik nog een werkwoord.

<u>**Voorbeeld**</u>

Hij moet _____

Hij moet *volgende week een belangrijk examen doen.*

1 Zij probeert _____.

2 Hij vergat _____.

3 Morgen wil ik _____.

4 Hier mag je _____.

5 Zij kunnen _____.

6 Ik durf _____.

7 We zitten _____.

8 Ga je morgen _____?

9  De docent zal _____.

10  Hij staat _____.

## Oefening 3

Maak de volgende zinnen af. Gebruik nog een werkwoord en gebruik 'te' als dat nodig is.

1  Wetenschappers proberen al jarenlang _____.

   Tot nu toe is dat niet gelukt.

2  Als je vergeten bent _____,

   kun je dat eventueel ook nog 's avonds doen.

3  De verplegers van het Academisch Ziekenhuis willen niet _____.

   Ze vinden één week avonddienst per maand al zwaar genoeg.

4  De voorzitter van een Britse gezondheidsorganisatie heeft gezegd dat mobiel
   bellen gevaarlijk is voor jonge kinderen. Kinderen beneden de tien mogen

   _____.

5  Als je de hele dag zit _____, kun je hoofdpijn krijgen.

6  IBM gaat _____.

   De producten zullen daar veel goedkoper worden geproduceerd dan in westerse
   landen.

7  Sinds er in dit gebouw niet meer gerookt mag worden, staan de werknemers

   _____.

8  Vergeet niet _____.

   Je had beloofd dat je dat zou doen.

## Oefening 4

Vergelijk je leven van nu met je leven van tien of twintig jaar geleden. Geef antwoorden op de vragen, schrijf alleen sleutelwoorden op. Geef ten slotte ook een conclusie: was je leven vroeger leuker, minder leuk, vrijer, minder interessant, enzovoort?

Praat vervolgens in groepjes van drie personen over het onderwerp en vergelijk ook je conclusies. Probeer in volledige zinnen te spreken. Corrigeer elkaar op het gebruik van infinitieven met of zonder 'te'.

**Mijn leven nu**

Wat kun je nu wel doen (wat je vroeger niet kon)? _____

Wat moet je nu wel doen (wat je vroeger niet hoefde)? _____

Wat durf je nu te doen (maar durfde je vroeger niet)? _____

Wat hoef je nu niet te doen (maar moest je vroeger wel)? _____

Wat wil je nu wel doen (wat je vroeger niet wilde)? _____

**Mijn leven vroeger**

Wat kon je vroeger doen (maar kun je nu niet meer)? _____

Wat durfde je vroeger te doen (wat je nu niet durft)? _____

Wat moest je vroeger doen (maar hoef je nu niet meer)? _____

Wat hoefde je vroeger niet te doen (maar moet je nu wel)? _____

Wat wilde je vroeger wel (wat je nu niet wilt)? _____

**Conclusie**

Vroeger was mijn leven _____.

## Oefening 1
Vul het reflexieve werkwoord in de zin in en verander de vorm als dat nodig is.

<u>**Voorbeeld**</u>

| | | |
|---|---|---|
| zich verbazen | | Ik erover hoe snel Abdelhafid Nederlands heeft geleerd.<br>Ik *verbaas me* erover hoe snel Abdelhofid Nederlands heeft geleerd. |

| | | |
|---|---|---|
| zich houden | 1 | Jullie moeten aan de regels. Dat betekent soms dat je niet alles kunt doen wat je wilt. |
| zich inzetten | 2 | Amnesty International is zo'n bekende organisatie, omdat zij voor de rechten van de mens. |
| zich bemoeien | 3 | Lies vindt dat ik te veel met haar. Volgens haar bepaal ik steeds wat ze moet doen. |
| zich aanpassen | 4 | Abdelhafid wil aan de Nederlandse gewoonten. Maar sommige vrienden van hem vinden dat hij daarin te ver gaat. Hij lijkt z'n eigen cultuur een beetje te vergeten. |
| zich permitteren | 5 | Ik kan het niet om zo'n duur huis te kopen. Daar heb ik gewoon het geld niet voor. |
| zich vergissen | 6 | Ik geloof dat je. Wat jij daar zegt, lijkt me niet helemaal correct. |
| zich herinneren | 7 | Mijn zusjes en ik nog goed dat onze moeder pannenkoeken bakte als een van ons jarig was. |

zich uitbreiden    8    Veel steden in derdewereldlanden zullen steeds verder.

_____

zich voelen    9    U al een beetje beter?

_____

zich bevinden    10    Dames en heren, wij nu op een belangrijke en historische plek. Hier was vroeger een groot handelscentrum. Ook nu vinden de mensen deze plaats nog steeds hét centrum van de stad.

_____

## Oefening 2

Vul het reflexieve werkwoord in de zin in. Let op de vorm en de plaats van het reflexieve pronomen.

1  zich bemoeien – zich bezighouden
Werkgevers _____ soms met het privé-leven van werknemers.
Aandacht voor alcoholmisbruik, sport na het werk en regelmatige medische controles verlagen de ziektekosten, menen zij.
Wat vind jij? Vind jij dat werkgevers _____ met je privé-leven mogen _____? Kan een werkgever je verplichten te gaan sporten?

2  zich verbazen – zich realiseren – zich afvragen
Als je regelmatig internetsites bezoekt, zul je _____ over de wisselende kwaliteit van de sites. Veel bedrijven denken dat ze niet mogen ontbreken op het internet, maar aan de andere kant _____ ze _____ niet dat het laten bouwen van een bijzondere website veel tijd en geld kost. Het is bovendien de vraag of bedrijven _____ ooit _____ of ze alle mogelijkheden van het internet op de juiste manier gebruiken.

3  zich herinneren – zich verbazen – zich herinneren – zich afvragen – zich herinneren
Is het jou ook opgevallen dat sommige mensen _____ heel veel details _____ uit hun eerste kinderjaren? Vooral bij het lezen van een autobiografische roman _____ ik _____ er vaak over hoeveel details de auteur weet te beschrijven. Als mijn vriend en ik over ons verleden praten, blijkt dat we _____ veel minder details _____. Ik zal je eerlijk zeggen dat we _____ dan ook vaak _____ hoe het mogelijk is dat schrijvers _____ wel zoveel kunnen _____ en wij niet.
Werkt het geheugen van schrijvers soms anders?

4  zich realiseren – zich aanpassen (2x) – zich verbazen – zich verdiepen – zich verheugen – zich verzetten – zich herinneren
Wat moet je _____ als je een kat in huis neemt?
Op de eerste plaats moet je weten dat je _____ moet _____ aan je kat.
Je kat zal _____ nooit _____ aan jou!
Katten zijn eigenwijs. Ze weten wat ze willen.
Zit je net rustig je krant te lezen? Je moet _____ er niet over _____ als de kat komt meelezen. Terwijl hij je hele krant bedekt, lijkt hij _____ te _____ in het nieuws op de voorpagina.
Jij en je vrienden houden van reizen, nietwaar? _____ jullie _____ al op die onbezorgde vakanties naar Kreta?
Vergeet het maar. Je kat zal _____ op allerlei manieren _____ tegen je plotselinge vertrek. Ten slotte zul je toch gaan, maar op dat verre Kreta zullen jullie _____ steeds die kat _____, zittend voor het raam met die trieste blik in zijn ogen.

## Oefening 3

Werk samen met een andere student. De eerste persoon leest de vraag of de opmerking en de andere persoon reageert. Maak gebruik van het gegeven werkwoord met reflexief pronomen.

1 zich herinneren
   Weet jij nog wie de wereldkampioen schaken was in 2000?
   Nee, dat ...

2 zich bemoeien
   Je moet meer groente en fruit eten en je moet ook meer sporten.
   Waarom ...?

3 zich voelen
   Je bent vorige maand geopereerd, hè? Hoe gaat het nu met je?
   Oh, ik ...

4 zich voorstellen
   Heb jij er wel eens over nagedacht hoe het zal zijn om twee weken in een space shuttle rond de aarde te cirkelen?
   Nee, ik kan ...

5 zich verheugen
   Heb je zin in je vakantie?
   Ja, ik ...

6 zich vervelen
   Wat zou je doen als je geen studie en geen werk zou hebben?
   Ik zou ...

7 zich bevinden
   Weet jij op welke etage in dit gebouw de bibliotheek is?
   Ja, ...

## Oefening 4

Onderstreep de scheidbare werkwoorden in de volgende tekst. Zoek in je woordenboek de betekenis op van de scheidbare werkwoorden die je niet kent.

**Psychische infecties**
Soms, wanneer mensen tijdens een persoonlijk gesprek erg veel aandacht aan elkaar besteden, kan het gebeuren dat ze elkaars gedrag overnemen. Zo komt het voor dat ze elkaars houdingen nadoen. Dat kom je ook vaak tegen bij mensen die verliefd op elkaar zijn. Tegelijkertijd met een ander dezelfde bewegingen maken of dezelfde woorden uitspreken, komt vaak voor. Als vader de baby een hapje geeft, doet hij zelf zijn mond ook open en als het jonge kind moet zeggen hoe hij heet, praat de moeder (nauwelijks hoorbaar) met hem mee. Als mensen meer met elkaar omgaan, kom je dit gedrag vaker tegen. Maar je kunt het proberen tegen te houden.

Dit gedrag ontstaat door imitatie tijdens de ontwikkeling. Er is echter ook gedrag dat erg veel op het imitatiegedrag lijkt, maar niet tijdens een mensenleven aangeleerd is. Het gaat om aanstekelijk* gedrag. Bijvoorbeeld bij lachen. In de jaren zestig brak er zelfs een echte lachepidemie uit in het Afrikaanse Tanganyika. Veel scholen moesten sluiten omdat de kinderen elkaar konden aansteken.

Een ander voorbeeld van aanstekelijk gedrag is gapen*. Iemand horen gapen (of zelfs over gapen lezen) leidt er vrijwel automatisch toe dat mensen dit gedrag gaan overnemen. Het is aangetoond dat de meeste mensen binnen vijf minuten een keer gapen als ze iemand anders hebben horen gapen. Iedereen weet dat je het gapen bij iemand makkelijk opwekt.

Dit gedrag kun je ook bij baby's opmerken. Dat wijst erop dat het hier gaat om een heel oud biologisch signaalsysteem. Zo denkt men dat de mens het gapen gebruikte om hetzelfde gedrag van een groep op te roepen. Als een jager moe werd, stelde hij aan de andere jagers voor om naar bed te gaan door te gapen. Je kunt dit misschien vergelijken met de gastheer van tegenwoordig die aan het eind van een etentje een gaapje achter zijn hand verbergt.

Hebt u al gegaapt of een gaap onderdrukt?

Naar: 'Non-verbaaltje', in: *Psychologie*, februari 1994, blz. 39.

*Woorden*:
aanstekelijk – zodat je vanzelf mee gaat doen
gapen        – zie foto

## Oefening 5
Vul het scheidbare werkwoord in de zin in. Let op: soms gaat het om een scheidbaar werkwoord met een vaste prepositie.

**Voorbeeld**

ophouden met   Je moet nu eens dat vervelende gezeur!
                Je moet nu eens *met* dat vervelende gezeur *ophouden!*

indrukken   1  Deze knop moet je.

inhalen   2  Tim probeert op de cursus zijn achterstand.

opvallen   3  Het is Abdelhafid dat bijna niemand in Nederland klompen draagt.

opgeven   4  Je lijkt totaal niet te willen begrijpen wat ik bedoel.
             Ik het.

uitgeven   5  Omdat Eric altijd zoveel geld, heeft hij steeds financiële problemen.

ademhalen   6  Wanneer je diep, word je vast wel wat rustiger.

uitsterven   7  Het gevaar bestaat dat de olifant.

overnemen   8  De Volkskrant soms artikelen andere kranten.
van

afstemmen   9  De programmamakers de nieuwe televisieserie de jeugd.
op

| afspreken met | 10 | Ik jullie dat jullie volgende week deze lijst met onregelmatige werkwoorden hebben geleerd. |
|---|---|---|

| afhangen van | 11 | Ik weet nog niet of we gaan fietsen. Dat het weer. |
|---|---|---|

| uitoefenen op | 12 | In Nederland de koningin niet veel invloed de ministers. |
|---|---|---|

## Oefening 6
Maak de volgende zinnen compleet.

**Voorbeeld**

| uitvinden | | Ik kan me het leven niet meer voorstellen zonder telefoon. Ik ben erg blij dat Bell *de telefoon heeft uitgevonden.* |
|---|---|---|

| aantasten | 1 | De regering wil maatregelen treffen om ervoor te zorgen dat er minder auto gereden wordt, want de uitlaatgassen _____. |
|---|---|---|
| opletten/ uitleggen | 2 | De docent zegt: 'Jullie moeten proberen _____. Dan hoef ik jullie niet alles _____.' |
| opschieten | 3 | Als je mee wilt, moet je _____. |
| opzoeken | 4 | Ik heb gisteren in het woordenboek een paar woorden _____. |
| uitvoeren | 5 | Omdat Japan _____, is het een behoorlijk rijk land. |
| aantrekken | 6 | Het is helemaal niet zo koud. Je hoeft geen _____. |
| zich inschrijven | 7 | Als u _____, krijgt u zeker een plaats in de cursus. |
| zich voorstellen | 8 | Toen ik die jongen voor het eerst ontmoette_____. |

## Oefening 7
Maak de zinnen compleet. Gebruik het scheidbare werkwoord.

**Voorbeeld**

| opeten | | Ik vind je zo lief. Ik kan *je wel opeten!* |
|---|---|---|

| overblijven | 1 | Thomas heeft de appel helemaal opgegeten. Alleen het klokhuis _____. |
|---|---|---|
| bijstellen | 2 | Ik had voor deze zomer heel veel plannen. Maar omdat ik ziek ben geworden, moet _____. |
| afbetalen | 3 | Eric heeft veel schulden. Hij moet nu extra geld verdienen om _____. |
| nadenken | 4 | Waarover _____? |
| contact opnemen met | 5 | Ik _____ zodra ik terug ben van vakantie. |
| ophouden met | 6 | Ik _____ zodra ik de hoofdprijs in de loterij heb gewonnen. |

## Oefening 8
Werk in groepjes van drie.
Jullie krijgen van de docent elk een overzicht van wat vier personen op vier momenten in hun leven hebben gedaan of zullen doen (kopieerblad B11.8). Het overzicht is niet compleet. Stel vragen aan elkaar om het overzicht compleet te maken.

## Oefening 1

De volgende zinnen komen uit verschillende krantenartikelen. Streep de relatieve zinnen aan én de woorden waarbij ze horen.
Van de woorden waarbij een sterretje (*) staat, vind je de betekenis onder de zinnen.

1 Reizigers die naar (sub)tropische landen willen, kunnen voortaan via een 06-nummer informatie krijgen over de medische voorzorgsmaatregelen die ze moeten nemen.
2 Het nieuwe schoolgebouw, dat naar verwachting binnen enkele maanden opgeleverd wordt, zal in het volgende schooljaar in gebruik worden genomen.
3 Bij de Zuid-Franse plaats Avignon is een Nederlandse bus in botsing gekomen met een vrachtwagen die op de verkeerde helft van de weg reed. Het ongeluk waarbij slechts enkele reizigers lichtgewond raakten, veroorzaakte een lange file die pas tegen de avond was opgelost*.
4 De Wetenschappelijke Raad voor het Regeringsbeleid* heeft vorige week een studie gepubliceerd waarin de economische gevolgen van de vergrijzing* worden beschreven.
5 Van de Nederlanders die in de jaren zestig geëmigreerd zijn naar Australië of Nieuw-Zeeland, is de afgelopen jaren een deel weer naar Nederland teruggekeerd. De zogenaamde remigranten vinden het prettig om in Nederland waar ze vaak nog veel familie hebben, oud te worden.
6 De gedetineerde*, die begin dit jaar met zijn helikopter ontsnapte uit een gevangenis in Grave, is in Moskou gearresteerd.
Justitie is de man op het spoor gekomen* via de Nederlandse ambassade in Moskou waar de man enkele weken geleden een nieuw paspoort kwam aanvragen.

| | |
|---|---|
| 3 de file is opgelost | de file is afgelopen |
| 4 Wetenschappelijke Raad voor het Regeringsbeleid | adviesraad voor de regering |
| de vergrijzing | het ouder worden van de bevolking |
| 5 de gedetineerde | de gevangene |
| op het spoor komen | iets of iemand terugvinden |

## Oefening 2

Vul in: 'die', 'dat' of 'waar' (+ prepositie).

1 Dit is de computer _____ al die mogelijkheden heeft, _____ u al jaren zit te wachten.
2 Op de fietsvakantiebeurs vind je vast de reis _____ je al jaren _____ droomt!
3 Koop 'm nu, de **Belle**, hét modetijdschrift _____ jij als zelfverzekerde jonge vrouw nodig hebt.
4 **Slankieslank** is het product _____ u al jaren verlangt. Binnen een week bent u tien kilo kwijt. Als u nu meteen deze bon invult, _____ u recht geeft op een korting van 50 euro, ontvangt u dit fantastische middel binnen zeven dagen.
5 Volgende week start er een gezondheidsactie _____ ongeveer 200 scholen meedoen. Tijdens de actie wordt geprobeerd kinderen bewust te maken van het belang van gezond eten.

6  Vanaf januari ontvangen werklozen een bedrag van 5.000 euro _____ ze zelf op zoek kunnen gaan naar een cursus _____ hen kan helpen bij het vinden van een baan.

7  Dat café _____ we na de film altijd wat gaan drinken, is een van de oudste cafés van Amsterdam.

8  Is de student _____ je altijd samenwerkt, ook zo goed in het Nederlands als jij?

9  Het lokaal _____ we les hebben, is soms erg lawaaiig. Zelfs als mensen buiten het lokaal staan te praten, kun je ze toch verstaan.

10  Een diner in ons restaurant, _____ een uitstekende reputatie heeft op het gebied van vetarm eten, betekent echt een avondje genieten.

11  Eindelijk draait hij weer: *Doctor Zhivago*, de film _____ niemand kan kijken zonder te huilen.

12  In een televisieprogramma over literatuur werd gisteravond aandacht besteed aan een aantal schrijvers _____ ik echt nog nooit had gehoord. Nota bene waren het Nederlandse schrijvers!

13  Dat boek _____ jij mij gisteren belde, is vanaf aanstaande zaterdag in iedere boekhandel te koop.

14  Op de site www.tigeronline.nl kun je vanaf aanstaande donderdag twintig films downloaden _____ eerder op het Rotterdamse filmfestival te zien waren.

15  In het gebouw _____ op de hoek van de Raadhuisstraat staat, bevindt zich het postkantoor.

## Oefening 3

Werk eerst tien minuten alleen. Lees de vragen en kies daarna een antwoord op basis van de gegeven informatie. Geef antwoord in de vorm van een relatieve zin. Vergelijk daarna je antwoorden met die van andere cursisten.

**Voorbeeld**

Vraag:       Wat is volgens jou een goede huisarts?
Informatie:  Hij kan goed naar zijn patiënten luisteren.
             Hij schrijft altijd een medicijn voor.
Antwoord:    Een goede huisarts is *iemand (een arts/een persoon) die goed naar zijn patiënten kan luisteren.*

1  Wat is volgens jou een slechte journaliste?
Informatie:
Zij geeft te veel subjectieve informatie.
Zij schrijft oninteressante teksten.

Een slechte journaliste is een journaliste die _____.

2  Wat is volgens jou een goede docente?
Informatie:
Je kunt heel goed met haar praten.
Zij kan heel interessante verhalen vertellen.

Een goede docente is een docente _____.

3  Waar woon je het liefst?
Informatie:
In het huis wonen heel rustige mensen.
Het huis ligt tegenover een park.
Het huis ligt middenin het centrum van een drukke stad.

Ik woon het liefst in een huis _____.

4 Wat is volgens jou een goede president?
Informatie:
Hij kan internationale conflicten oplossen.
Het volk houdt van de president.
Hij strijdt voor gelijke rechten voor iedereen.

Een goede president is _____.

5 Waar ga je het liefst naartoe op vakantie?
Informatie:
Het is in dat land gemiddeld warmer dan dertig graden.
Er komen in dat land bijna geen andere toeristen.
In dat land is alles goedkoper dan in mijn eigen land.

Ik ga het liefst op vakantie naar een land _____.

6 Wat is volgens jou een goede vriend?
Informatie:
Een vriend staat onmiddellijk voor je klaar.
Met een vriend kun je heel goed praten.

Een goede vriend is iemand _____.

7 Wat voor soort boeken lees je het liefst?
Informatie:
Ze gaan over mensen uit andere culturen.
Ze gaan over de liefde.

Ik lees het liefst boeken _____.

8 In welke restaurants eet je het liefst?
Ze koken in het restaurant even lekker als mijn moeder.
Het restaurant is niet zo duur.
Ze koken in het restaurant heel exotische gerechten.

Ik eet het liefst in restaurants _____.

## Oefening 4

De volgende zinnen komen uit krantenartikelen. Nu zijn de relatieve bijzinnen eruit
gehaald. Probeer een passende relatieve bijzin te bedenken. Lees altijd eerst het
hele stukje tekst door.

1 Een 81-jarige Amsterdammer _____,
  heeft van de burgemeester een beloning van 1.500 euro gekregen. Ook veel
  buurtbewoners zijn de man voor zijn moedige daad komen bedanken.

2 Een 33-jarige vrouw is gisteravond laat van haar portemonnee

  _____
  beroofd. Daarom kon zij haar eigen huis niet meer in. Sleutels dus maar niet
  meer in de portemonnee bewaren!

3 Uit een onderzoek van de Universiteit van Amsterdam is gebleken dat studenten

  _____,
  betere studieresultaten behalen dan studenten die pas 's avonds na tien uur beginnen te studeren.

4 Het Gemeentemuseum in Utrecht heeft besloten de tentoonstelling 'Het gedroomde land' te verlengen. De tentoonstelling is tot nu toe vooral bezocht door mensen

_____,

Men verwacht echter dat mensen die terugkeren van vakanties in het buitenland de tentoonstelling ook nog willen bezoeken.

5 Veel Nederlanders _____,
schijnen grote moeite te hebben met het leven in het buitenland. Een derde van de emigranten keert na enkele jaren weer naar Nederland terug.

6 Veel leerkrachten op de basisschool merken dat buitenlandse kinderen lees-moeilijkheden hebben. Dat geldt niet alleen voor kinderen

_____,

Ook kinderen die hier geboren zijn en de Nederlandse taal foutloos spreken, hebben moeite met lezen.

7 De dader van de dodelijke aanslag op de Amsterdamse sigarenwinkelier is gepakt. Het is een achttienjarige jongen uit Haarlem. Het wapen

_____,

heeft de politie nog niet gevonden.

8 In veel nieuwe wijken in Amsterdam zijn er te weinig speelplaatsen voor kinderen. Alle gemeenteraadsleden zijn het erover eens dat vooral in de wijken

_____,

binnen korte tijd ruime speelplaatsen aangelegd zouden moeten worden.

## Oefening 5

Werk samen met twee andere cursisten.
Lees eerst het verhaaltje helemaal door. Probeer dan het verhaaltje uit te breiden met behulp van ongeveer zes relatieve zinnen.

**Voorbeeld**

Een zevenenzeventig jaar oude man *die sinds kort een vriendin heeft*, wil dat zijn zesenveertigjarige zoon niet langer bij hem woont.

# Vader zet eigen zoon uit huis

NEDERWEERT (ANP) – Een zevenenzeventig jaar oude man wil dat zijn zesenveertigjarige zoon niet langer bij hem woont. Daarom heeft hij gisteravond zijn zoon op straat gezet.

Toen de zoon rond middernacht thuiskwam uit het buurtcafé, ontdekte hij dat zijn bed en al zijn andere bezittingen buiten stonden.
Toen hij probeerde de woning binnen te gaan, bleken zijn sleutels niet meer in het slot te passen. Blijkbaar was er een nieuw slot geplaatst. De zoon heeft vervolgens geprobeerd de deur met geweld te forceren. Daarbij maakte hij zoveel lawaai dat buren de politie inschakelden.

Toen de politie gearriveerd was, opende de oude vader eindelijk de deur. Hij deelde de politie mee dat hij niet van plan was zijn zoon ooit nog binnen te laten. 'Het wordt tijd dat mijn zoon eindelijk op zijn eigen benen gaat staan,' legde de vader uit. 'Hij hangt maar in het café of hij ligt in zijn bed. Dat moet nu maar eens afgelopen zijn.'

Nadat de zoon beloofd had dat hij zou proberen zo snel mogelijk een eigen huis en een baan te vinden, mocht hij zijn spullen voorlopig in de schuur zetten en bood zijn vader hem voor tien dagen – tegen betaling – de logeerkamer aan.

## Oefening 6

Maak in de volgende oefening de zinnen af.

1 Je gaat in een nieuwe buurt wonen. Je wilt graag wat informatie over de buurt. Je praat daarover met je buren. Wat zou je vragen?

Ik zou willen weten _____.

Ik zou vragen _____.

Ook zou ik vragen _____.

2 Je gaat een cursus Engels aan de Volksuniversiteit volgen. Je belt op voor informatie. Wat zou je vragen?

Ik zou willen weten _____.

Ik zou vragen _____.

Ik zou ook willen weten _____.

3 Je mag je favoriete filmster interviewen. Wat voor vragen zou je stellen?

Ik zou willen weten _____.

Ik zou vragen _____.

Ik zou ook willen weten _____.

4 Je wilt een reis maken door Zuid-Spanje. Je belt op naar het reisbureau. Wat zou je vragen?

Ik zou vragen _____.

Verder zou ik willen weten _____.

Ook zou ik vragen _____.

5 Je wilt lid worden van de openbare bibliotheek. Je gaat naar de balie om informatie te vragen. Welke vragen zou je stellen?

Ik zou vragen _____.

Verder zou ik willen weten _____.

Ook zou ik vragen _____.

## Oefening 1

Hieronder staan steeds twee woorden naast elkaar. Maak zinnen met die woorden. Het eerste woord moet steeds het subject zijn. Soms moet je een actieve zin maken, soms een passieve.

het huiswerk – maken
Zin:     *Het huiswerk moet door alle studenten worden gemaakt.*
of:      *Vaak wordt het huiswerk 's middags gemaakt.*
(Maar: 'De studenten maken het huiswerk.' is niet goed, want dan is 'huiswerk' geen subject.)

1  Nederlanders          – fietsen
2  de fiets              – gebruiken
3  de studenten          – actie voeren
4  het onderzoek         – doen
5  deze huizen           – bouwen
6  het aantal werklozen  – stijgen
7  dit boek              – publiceren
8  het woordenboek       – gebruiken
9  deze politieke partij – oprichten
10 Thomas                – bewaren

## Oefening 2

Vul de goede vorm van het werkwoord in. Soms moet je de actieve vorm invullen, soms de passieve. Let ook op de juiste tijd van het werkwoord.

gebruiken    Grammaticaboeken, rapporten, romans, formulieren: voor heel veel dingen *wordt* papier *gebruikt*.

doen         Neem bijvoorbeeld de krant: in 1990 _____ er een onderzoek _____ in tien Europese landen. Daaruit bleek dat er minstens één krant in
lezen        80% van de Nederlandse huishoudens _____. Per dag!
betekenen    Vijf miljoen kranten per dag, dat _____ dat er per jaar bijna 1.550
publiceren   miljoen kranten _____ _____.
kappen       Hoeveel bomen moeten daarvoor _____ _____?
verkopen     Vooral op zaterdag _____ er heel veel extra kranten _____.
bevatten     Veel van die kranten _____ dan namelijk een of meer speciale bijlagen,
besteden     waarin extra aandacht _____ _____ aan allerlei actuele zaken.
lezen        Veel mensen hebben natuurlijk geen tijd om de hele krant te lezen, dus waarschijnlijk _____ een gedeelte van de krant niet eens _____.
weggooien    Vroeger _____ oude kranten _____, net als al het andere vuil, maar
brengen      tegenwoordig _____ veel mensen hun oude kranten naar de papierbak.

gebruiken    Op die manier kan dat papier nog een keer _____ _____.
vernietigen  Toch _____ er nog steeds hele bossen _____ voor de productie van
schrijven    papier. En daarover _____ dan weer lange artikelen _____: in de
             krant!

## Oefening 3

Werk in groepjes van twee of drie.
In krantenkoppen wordt vaak de passiefconstructie gebruikt. Maar: het werkwoord
**worden** of **zijn** wordt vaak weggelaten. Hieronder staan enkele krantenkoppen.
Kies een paar van die krantenkoppen uit en maak er volledige zinnen van. Je mag
er meer woorden bij zetten, als het maar goede zinnen worden.

**Voorbeeld**

# Tweede man van de mafia aangehouden in Noord-Italië

Gisteren werd de tweede man van de Italiaanse maffia door twee politieagenten in
Noord-Italië aangehouden.

## Prijzen geneesmiddelen met 3,5 procent verlaagd

**USAir getroffen door staking technici**

## Ruim 300 flats beschadigd bij ramp

## Watersporter vermist

## VN-hulp verdubbeld

## Wapens gevonden in woning Rotterdam

## Aanslag: 5 soldaten gedood

## Aantal doden geschat op 250

## 'Afval uit Italië in Somalië gedumpt'

## Oefening 4

Stel je voor: over een paar maanden zijn er gemeenteraadsverkiezingen. Je bereidt met drie of vier andere studenten de campagne van een nieuwe politieke partij voor.

a Schrijf eerst samen met je team zoveel mogelijk dingen op die worden gedaan als jouw partij wint.

Bijvoorbeeld:     Auto's worden verboden in de binnenstad.

Er worden meer scholen gebouwd.

Alle fietspaden worden breder gemaakt.

Denk ook aan andere 'problemen' zoals: honden in de stad, oude huizen, nieuwe huizen, bruggen, kanalen, bomen, openingstijden van winkels, enzovoort. Schrijf alles op een groot papier op. Maak passieve zinnen.
Verzin ook een naam voor de partij.

b Als je klaar bent, ga je de verkiezingsprogramma's van de andere partijen bekijken. Je kunt ook vragen stellen als je bepaalde dingen mist in hun verkiezingsprogramma.

Bijvoorbeeld:     Wat wordt er in jullie programma met de auto's gedaan?

Wat wordt er met de oude woningen gedaan?

c Ten slotte kiest iedereen een partij. Je mag natuurlijk niet op je eigen partij stemmen.

## Oefening 5     (herhaling hoofdstuk 2, 10, 11 en 13)

Vul de goede vorm van het werkwoord in. Let op de volgende dingen:
– de plaats van de werkwoorden
– de vorm van de persoonsvorm
– actief of passief
– 'te'
– presens of verleden tijd

**Voorbeeld**

Op dit moment aan de Universiteit van Amsterdam een onderzoek (doen).
Op dit moment *wordt* aan de Universiteit van Amsterdam een onderzoek *gedaan*.

**Onderzoek bij studenten**
Op dit moment aan de Universiteit van Amsterdam een onderzoek (doen). Men (willen – weten) hoeveel tijd studenten gemiddeld aan hun studie (besteden). Volgende week tweehonderd studenten van verschillende studierichtingen een vragenlijst (ontvangen). Op die lijst een aantal vragen (staan) zoals 'Hoeveel uren college je per week (volgen)?'; 'Hoeveel tijd je gemiddeld aan voorbereiding van die colleges (besteden)?' Over ongeveer vier maanden de resultaten van dit onderzoek (publiceren).
Tien jaar geleden er ook zo'n onderzoek (doen). Uit dat onderzoek (blijken) dat studenten toen gemiddeld tien uur per week college (hebben) en dat ze in totaal ongeveer vijfendertig uur per week aan hun studie (besteden). In die tijd veel studenten in de universiteitsbibliotheek (zitten – studeren), omdat ze het moeilijk (vinden) om thuis serieus (studeren). Omdat ze heel weinig geld (hebben), een aantal studenten ook naast de studie (moeten – werken). Die studenten het moeilijk (vinden) om werk en studie met elkaar (combineren).
We benieuwd (zijn) of de resultaten van het huidige onderzoek ongeveer hetzelfde (zullen – zijn). Misschien studenten tegenwoordig meer uren aan hun studie (besteden). Ook het belangrijk (zijn) om (weten) hoeveel men van de universiteitsbibliotheek (gebruikmaken). Wanneer de onderzoeksresultaten bekend (zijn), er bijvoorbeeld beslissingen over de openingstijden van de bibliotheek (kunnen – nemen).
Het rapport van dit onderzoek over vier maanden ook aan de minister van Onderwijs (aanbieden).

## Oefening 1

Lees eerst de tekst één keer helemaal door. Maak dan de oefening.

Wat is in de volgende zinnen de functie van 'er', 'hier' of 'daar'?
1 Verwijzen naar plaats.
2 Verwijzen + prepositie.
3 Verwijzen + telwoord.
4 Onbepaald subject in de zin.

Zet naast de zin: 1, 2, 3 of 4.
Een enkele keer heeft 'er' meerdere functies tegelijk.

<u>**Voorbeeld**</u>

Ik ben een weekendje naar Parijs geweest.
Ik ben *er* drie dagen gebleven.                                                                    *1*

---

Vroeger fietste ik erg veel.
Ieder vrij uurtje sprong ik op m'n sportfiets om een tocht te maken.
Zo'n dertig kilometer, *daar* had ik geen enkele moeite mee                              _____
Op vrije dagen maakte ik langere tochten: naar Utrecht
(*daar* woonden wat vrienden van mij) of naar Amersfoort                                 _____
(om *er* door de bossen te kunnen fietsen)                                               _____
of naar Zandvoort...
Fietsen, fietsen, ik droomde *er* zelfs van.                                             _____

De volgende droom herinner ik me nog goed:
Ik zat op mijn fiets en reed maar door zonder
ergens over na te denken. Ik reed op een prachtige weg.
*Er* waren nauwelijks auto's.                                                            _____

Wat is het overal toch lekker stil, dacht ik nog.
Toen merkte ik opeens dat *er* echt                                                       _____
niemand op straat aanwezig was.
Ik begon me wat minder prettig te voelen.
Het begon al een beetje donker te worden.
Waar was ik eigenlijk?
Ik keek rond of *er* een wegwijzer stond.                                                 _____
Opeens zag ik *er* een staan.                                                            _____
'Amsterdam 500 kilometer' stond *er*op.                                                  _____
Ik raakte volkomen in paniek. Was ik zover doorgefietst?
Wat moest ik doen? Ik keek in mijn portemonnee.
*Er* zat geen geld in.                                                                   _____
Ik had geen jas bij me, geen trui, niets.
Plotseling werd het donker. In de verte zag
ik de lichten van een grote stad.
Parijs... nee!

Met een ruk schrok ik wakker.
'Wat is *er*?' vroeg mijn vriendin.                                    _____
'Ik hoorde een schreeuw.'
'O niets', zei ik, '*er* is niets!'                                    _____

## Oefening 2

Geef antwoord op de volgende vragen. Je mag het onderstreepte woord niet herhalen. Gebruik 'er' 'hier' of 'daar'.

**Voorbeeld**

Ben je wel eens in <u>Berlijn</u> geweest?
Nee, <u>daar</u> ben ik nog nooit geweest. Of:
Ja, ik ben <u>er</u> vorig jaar een weekje geweest.

_____

1  Hoe lang woon jij in <u>deze stad</u>?

_____

2  Heb jij verstand van <u>computers</u>?

_____

3  Kijk jij iedere dag naar <u>het journaal</u>?

_____

4  Hoeveel <u>boeken</u> heb jij ongeveer?

_____

5  Houd jij van <u>Chinees eten</u>?

_____

6  Luister je weleens naar <u>klassieke muziek</u>?

_____

7  Ben jij weleens in <u>de provincie Zeeland</u> geweest?

_____

8  Heb jij nog <u>sigaretten</u>?

_____

9  Kun je in <u>de bibliotheek</u> ook studeren?

_____

10 Heb jij moeite met <u>de Nederlandse taal</u>?

_____

## Oefening 3

Werk samen in groepjes van drie. In deze oefening ga je aan elkaar vragen stellen als 'Ben jij wel eens op een Waddeneiland geweest?', of: 'Houd jij van klassieke muziek?'.

De cursist die antwoordt, mag het woord 'Waddeneiland' of 'klassieke muziek' niet gebruiken. Hij antwoordt met het verwijswoord 'er', 'hier' of 'daar'.

**Voorbeeld**

| Vraag: | 'Ben jij wel eens op *een Waddeneiland* geweest?' |
|---|---|
| Antwoord: | 'Ja, ik ben *er* vorig jaar een weekje geweest.' |
| of: | 'Nee, ik ben *er* nog nooit geweest.' |
| of: | 'Nee, *daar* ben ik nog nooit geweest.' |

Gebruik de volgende vraagzinnen:
Ben je wel eens ... geweest?
Luister je wel eens naar ...?
Kijk je wel eens naar ... ?
Hoeveel ... heb jij?
Houd je van ...?

*Stel elkaar vragen over:*
Artis
het Rijksmuseum in Amsterdam
popmuziek
politiefilms
cd's
woordenboeken
sportprogramma's
fietsen
Londen
Nederlandstalige liedjes
actualiteitenprogramma's
het Concertgebouw
een zakje patat
Italiaanse films
Parijs
een sauna
rode wijn
Den Haag
honden
jazz
dansen
schaken

# B Bijlagen

## Bijlage 1 _____ De spelling

### Oefening 1*
Luister naar de docent en vul de juiste letters in.

<u>Voorbeeld</u>

Ik z *i* t in de klas.

| | | | |
|---|---|---|---|
| 1 | r____d | 11 | b____s |
| 2 | r____t | 12 | b____s |
| 3 | b____t | 13 | z____k |
| 4 | b____t | 14 | Die jongen heet B____n. |
| 5 | b____k | 15 | Die jongen heet L____n. |
| 6 | b____k | 16 | k____s |
| 7 | k____k | 17 | k____st |
| 8 | h____k | 18 | b____n |
| 9 | Dat meisje heet Tr____s. | 19 | p____n |
| 10 | Die jongen heet K____s. | 20 | p____n |

### Oefening 2*
Dictee: luister goed naar de docent en schrijf precies op wat je hoort.

\* Voor de docent: de dicteewoorden van oefening 1 en het dictee (oefening 2) staan in de inleiding van het theorieboekje, bij de informatie bij de hoofdstukken en de bijlagen.

### Oefening 3
Vul de goede vorm van het woord in.
Let op: het woord kan een werkwoord, een substantief of een adjectief zijn.

<u>Voorbeeld</u>

Boussac-sur-Idre, 15 juni

lief        *Lieve* Tim

| | | |
|---|---|---|
| schrijven | 1 | Je bent de laatste die ik vandaag _____. |
| brief | 2 | Ik heb vandaag al vier _____ geschreven: aan mijn ouders, aan |
| zus | | mijn twee _____ en aan Thomas. |
| week | 3 | Ik ben hier nu twee _____. |
| bevallen | 4 | Het _____ me uitstekend. |
| stil, druk | 5 | Het is hier natuurlijk veel _____ dan in het _____ Amsterdam. |

| | | |
|---|---|---|
| huis | 6 | Ik woon in een van de mooiste _____ van het stadje, op de vierde etage. |
| trap | 7 | Dat betekent dus: elke dag veel _____ lopen. |
| hoog, boom | 8 | Achter mijn huis staan een paar mooie _____ _____. |
| rood, wit, geel | 9 | En de tuin staat vol _____, _____ en _____ bloemen. |
| smal | 10 | Het stadje is ook erg mooi: allemaal _____ straatjes en oude huisjes. |
| schoon vis | 11 | Er is ook een riviertje. Het water is natuurlijk veel _____ dan in Nederland: je ziet de _____ zwemmen! |
| terras | 12 | Vlakbij zijn een paar heerlijke _____ waar ik 's avonds vaak een kopje koffie drink. |
| duren | 13 | De cursus Frans die ik volg, _____ nog één week. |
| intensief | 14 | Het was een _____ cursus! |
| blijven, week | 15 | Na de cursus _____ ik hier nog een paar _____. |
| goedkoop geven | 16 | Omdat alles hier veel _____ is, _____ ik niet veel geld uit. |
| gezin | 17 | In het huis naast mij wonen twee _____ met kinderen. |
| spreken gesprek | 18 | Ik _____ helaas niet genoeg Frans om echt lange _____ met ze te voeren. |
| ver, nat | 19 | Hoe gaat het met jou in het _____ en _____ Nederland? |
| missen, week | 20 | Ik _____ jullie wel, maar over twee _____ ben ik weer thuis. |

Tot gauw, veel liefs,

*Lies*

# Sleutel B
# Antwoorden bij de oefeningen

## Hoofdstuk 1    De zin

Oefening 1

Beste Sarah,

Hoera! We | zijn | allemaal geslaagd voor ons examen. We | spreken | helaas nog niet perfect Nederlands. Toch | kunnen | we ons in ieder geval redelijk goed verstaanbaar maken.

Natuurlijk | willen | we een groot feest organiseren. Dat | vindt | aanstaande zaterdag plaats.

Kom je ook? We | vieren | het feest bij Tessa. Zij | heeft | de grootste woning. Het | lijkt | me leuk je weer eens te zien.

Hoe | is | het trouwens met je nieuwe woning? Het | is | een hele ruime woning. Dat | heb | ik tenminste van Eric gehoord. Eric | vertelde | me nog meer. Je | schijnt | zelf niet zo tevreden te zijn. Hoe | komt | dat? | Is | je huis te ver van het centrum vandaan? Misschien | kunnen | we ruilen. Ik | wil | nu eindelijk wel eens uit het centrum weg. In het centrum | is | het zo druk. Dat | maakt | me af en toe gek. | Zal | ik een keer bij je langskomen? Ik | wil | graag je huis zien. Bovendien | kan | ik dan meteen de geleende cd's terugbrengen.

Hopelijk | zien | we je dus aanstaande zaterdag bij Tessa. | Heb | je haar adres nog wel? Je kunt me daarvoor altijd bellen. 's Avonds na tien uur | ben | ik zeker thuis. O ja, zaterdagavond | kan | ik je ook wel even met de auto komen ophalen. Voor het feest | ga | ik waarschijnlijk bij mijn broer eten. Die | woont | bij jou in de buurt.

Groeten en hopelijk tot zaterdag.

Thomas

| | |
|---|---|
| Oefening 2 | Zie oefening 1. |
| Oefening 3 | De antwoorden hieronder zijn slechts suggesties. Er zijn ook andere antwoorden mogelijk.<br>1  Els begrijpt *deze oefening* niet helemaal.<br>2  Tim woont in het centrum van Amsterdam.<br>3  Heb je *die bloemen* op de markt gekocht?<br>4  Loop jij meestal naar je werk?<br>5  Eric heeft met Thomas gevochten.<br>6  Wat zeg je? Ik versta *je* niet.<br>7  Kom binnen! Wil je *iets* drinken?<br>8  Kijk jij wel eens naar een voetbalwedstrijd?<br>9  We hebben erg gelachen.<br>10 De huisarts heeft de hele dag *patiënten* onderzocht. |
| Oefening 4 | Bij de volgende werkwoorden *moet* je een object gebruiken:<br>*nemen* – *gebruiken* – vertrekken – *begrijpen* – werken – *kopen* – *ontvangen* – wonen – vliegen – zwijgen |

## Hoofdstuk 2   Het werkwoord

| | |
|---|---|
| Oefening 1 | 1 lees – koop – vind – begrijp – gebruik 2 komt – woont – studeert – vindt – gaat 3 leert – maakt – praten – probeert – spreekt 4 houd – eet – houd – maak – kookt |
| Oefening 2 | 1 wil – wil 2 heeft – heeft 3 kunnen – kan 4 mag – heb 5 zijn – ben – is 6 mogen – mag 7 zullen – is – kan – zal 8 Heb – kan – wil |
| Oefening 3 | leer – volg – leer – is – komt – ken – heb – betekent – bestaat – komen – vind |
| Oefening 4 | - |
| Oefening 5 | 1 werkte 2 probeerde – lukte 3 fietsten 4 speelde 5 zorgde – kookte – maakte 6 studeerde 7 waste – 8 verwachtte 9 leefden – vertelde 10 woonden – stopte |
| Oefening 6 | werkte, was, probeerde, vond, duurde, telde, stopten, ging, was, voerde, vonden, vertrok |
| Oefening 7 | was – woonde – sprak – speelde – verstond – had – kon – begreep – zei – durfde – was – vonden – kreeg – zag – werd – vertelde – begreep – ging – sprak – had, kreeg |
| Oefening 8 | - |
| Oefening 9 | 1 heb geweigerd 2 hebben gesteund 3 hebben besteed 4 heeft geleerd 5 heeft gebruikt 6 Heb gecontroleerd 7 heeft geduurd 8 heeft genoemd 9 heb verdiend 10 heeft gewild 11 ben gereisd 12 heb gezet 13 heeft gerookt 14 heb gesport 15 is geëindigd |
| Oefening 10 | 1 heb gekocht 2 is begonnen 3 hebben/heeft gevraagd 4 heeft gezegd 5 Heb gezien 6 hebben gekeken 7 is gelopen 8 heb begrepen 9 zijn/is gekomen 10 ben gegaan 11 Hebben gelezen 12 heeft gedaan 13 hebben bezocht 14 heeft gekregen 15 heb gesproken |
| Oefening 11 | heb gewacht – ben vertrokken – heb geprobeerd – bent geweest – heb gedaan – heb gegeten – heb gekeken – heb gemaakt – is gelukt – heb geleerd – heb gelezen – heb gemaakt – heb gepraat – ben gegaan |
| Oefening 12 | - |
| Oefening 13 | - |

| | |
|---|---|
| Oefening 14 | 1: 1 |
| | 2: 1 |
| | 3: 3 |
| | 4: 2 |
| | 5: 2 |
| | 6: 2 |
| | 7: 2 |
| | 8: 2 |
| | 9: 2 |
| | 10: 3 |
| | 11: 3 |
| | 12: 3 |
| | 13: 3 |
| | 14: 3 |

**Oefening 15**

Let op, er zijn meerdere mogelijkheden. Lees de toelichting bij de antwoorden. zijn gegaan (inleiding verhaal), vertrokken (detail), kwamen (detail), hebben beke-ken (inleiding nieuw onderdeel verhaal), vond (detail), gingen (detail), was (detail), hebben gelopen (afsluiting deel van het verhaal), zijn gegaan, hebben gegeten (inleiding nieuw onderdeel verhaal), zat (detail), probeerden (detail), was (detail), is gelukt (afsluiting deel van verhaal), hebben genomen (inleiding nieuw onder-deel), kwam (detail), was (detail), gaan (toekomst), hoop (toekomst), is (toekomst)

**Oefening 16**

-

## Hoofdstuk 3    Het substantief en de lidwoorden

**Oefening 1**

1 rivieren – kanalen – havens – steden – schepen – wegen 2 dagen – lessen – leerlingen – gangen – kapstokken – jassen – stoelen – tafels – boeken – schriften – pennen 3 muizen – ratten – vogels – honden – katten – proeven – video's – biologen

**Oefening 2**

– Zullen we vanmiddag **een** cake (onbepaald: voor de eerste keer genoemd) bakken?
○ Ja, dat lijkt me leuk. Wat hebben we daarvoor nodig?
– Op de eerste plaats **(-)** meel en verder **(-)** melk, **(-)** eieren, **(-)** gist, **(-)** suiker en **(-)** boter (meel, melk, gist, suiker en boter: onbepaald en ontelbaar; eieren: onbe-paald meervoud).
○ Goed, ik heb alles hier neergezet. En nu?
– Eerst doe je **het** meel (bepaald) in **een** kom (nieuw: onbepaald) en daarna doe je er **de** eieren, **de** melk en **de** boter bij (bepaalde substantieven).
Roer alles goed door elkaar. Je kunt er **een** mixer (nieuw: onbepaald) bij gebruiken.
Vergeet niet **de** suiker en **de** gist toe te voegen (bepaald).
Je hebt nu **(-)** cakebeslag (ontelbaar + onbepaald).
We doen **het** cakebeslag (bepaald) voorzichtig in **een** cakevorm (nieuw: onbe-paald) en die zetten we in **de** oven (bepaald). Na één uur is **de** cake klaar (bepaald).

**Oefening 3**

-

**Oefening 4**

dit – die – deze – dat – die

**Oefening 5**

Gisteren heb ik een leuk artikel gelezen in een Nederlandse krant. Het/Dat artikel ging over een familie die dertig jaar geleden naar Australië is geëmigreerd. Daar heeft die familie nu een groot bedrijf. In dat/het bedrijf werken veel mensen, ik geloof dat ze ongeveer zestig werknemers hebben. Het bedrijf importeert Nederlandse producten, zoals kaas en chocolade. Die producten zijn blijkbaar erg populair in Australië.
De/Die familie is nu tamelijk rijk geworden. Ze komen regelmatig terug naar Nederland voor een/(-) vakantie. Ze hebben een groot huis dichtbij Amsterdam.
Ik vind het toch wel gek dat mensen die zolang in het buitenland wonen, blijkbaar nog steeds een sterke band hebben met het land waar ze vandaan komen.

**Oefening 6**

1 Nee, je kunt met deze computer *geen* films downloaden.
2 Nee, Eric en Thomas zijn gisteravond *niet* naar de film geweest.
3 Nee, je mag in Nederland *geen* alcohol verkopen aan kinderen.
4 Nee, er is *geen* koffie meer.
5 Nee, ik heb *geen* bril nodig bij het televisie kijken.
6 Nee, ik ga deze zomer *niet* op vakantie.
7 Nee, ik kan *niet* schaatsen.
8 Nee, mijn ouders hebben *geen* huisdieren.
9 Nee, ik ga *niet* elk weekend naar de film.
10 Nee, ik wil *geen* suiker in de koffie.
11 Nee, ik heb *geen* woordenboek op cd-rom.
12 Nee, ik heb de voetbalwedstrijd Nederland-Turkije *niet* gezien.

**Oefening 7**

-

## Hoofdstuk 4    Het adjectief

**Oefening 1**

1 dure 2 nieuwe 3 dichte 4 slecht 5 prachtig 6 moeilijk 7 belangrijke 8 wetenschappelijk 9 oude 10 goede 11 informatieve 12 hoge

**Oefening 2**

korte – lieve – leuke – goede – groot – losse – boze – kapotte – losse – goed

**Oefening 3**

Let op: er zijn meer mogelijkheden.

1 Australië is een prachtig vakantieland. Vol wilde natuur, lange stranden, interessante steden en vriendelijke mensen. U kunt een lange tocht in de hoge bergen maken, of u combineert een heerlijke week aan het witte strand met een kort bezoek aan een van de grote steden. Australië heeft comfortabele hotels. Ontdek dit schitterende land!

2 Sommige artistieke mensen gaan naar Italië voor de prachtige kunst, anderen gaan voor financiële zaken. Velen vliegen Alitalia, omdat ze met een goed humeur willen aankomen. Alitalia zorgt voor alles. Voor heerlijke en gezonde maaltijden. Voor veilige vliegtuigen. Voor efficiënte medewerkers die zorgen dat u op tijd aankomt en vertrekt.

**Oefening 4**

1 warmer 2 meer 3 minder 4 langzamer 5 sneller – snelst(e) 6 drukker – drukst(e) 7 voller 8 groter – grootste 9 duurder 10 beter – best(e) 11 kouder – donkerder – liever

**Oefening 5**

-

**Oefening 6**

-

## Hoofdstuk 5    Pronomina

**Oefening 1**

2 (van) Lies 2 Lies 4 haar kamer 4 de kamer van mij, van de verteller, van de ik-persoon 4 (van) Lies 6 Tim 6 Tim 7 Tim 8 (van) Tim 10 Lies 10 Tim 10 Tim 10 meegaan (met Tim) naar het buitenland 11 (van) Lies 13 Lies 13 het raam 13 haar (favoriete) cd 13 (van) Lies 14 de (favoriete) cd 15 Tim 16 Tim 16 Lies en de ik-persoon, de verteller

**Oefening 2**

Let op: er zijn meer mogelijkheden.
Een paraplu heb je niet altijd nodig. Als het mooi weer is, laat je *hem* thuis. Als je denkt dat het kan gaan regenen, neem je *hem* mee. Soms heb je *hem* voor niets meegenomen. Vaak vergeten mensen *hun paraplu* ergens. *Hij (die)* blijft dan eenzaam achter in de tram, de bioscoop of het café of *hij* wordt door iemand anders meegenomen. Zo wisselen *paraplu's* regelmatig van eigenaar.

Zonder een *woordenboek* ben je nergens. Als je naar de cursus gaat, zit *het* in je tas. *Het* gaat mee naar de supermarkt en naar het restaurant. *Het* ligt op je bureau binnen handbereik. *Woordenboeken* zijn er in allerlei soorten, maten (en prijzen) en je kunt *ze* in iedere boekhandel kopen. Na enige tijd ga je *het woordenboek* echter minder en minder gebruiken en dat kunnen we niet zeggen van de paraplu.

**Oefening 3**

Ik – We – ik – je/jou – mijn – haar – dat/het – je/jou – Ze/Zij/Die – ze/zij – je/jou – ze/hen – ze/hen – zijn – Hij – hem – zijn – Zijn – haar – Haar – zij – hun – Ze/Zij – Die/Ze/Zij – Ze/Zij – hun – Je – Dat – we

**Oefening 4**

die/hem – die/ze – ze/die – ze/die – hun – ze/hen – die/hem – die – ze – Hij/Die – Zij/Ze – hem – haar – hem/die – Hij – ze/hen/hun – Die – Hij/Die – dat – Die – mij – jou – mij – jouw – mijne – ze – ze – die

**Oefening 5**

-

## Hoofdstuk 6   Preposities en woordgroepen

**Oefening 1**

1  Hij / heeft / zijn oude schoolvriend / sinds zijn verhuizing naar Rotterdam / nooit meer / gezien.
2  Voor de les van dinsdag / moet / je / oefening 1 en 2 / maken.
3  Vanaf de dertiende eeuw / beschermde / men / Nederland / tegen de zee / door middel van dijken.
4  De door Tessa getypte tekst / zat / vol fouten.
5  De gebouwen van de Universiteit van Amsterdam / zijn / over het centrum van de stad / verspreid.
6  Binnen dit door hem bestudeerde economische model / bestaat / geen vrije concurrentie.
7  De nieuwe docente / beoordeelde / de door de leerlingen geschreven opstellen / erg streng.
8  Door het gebruik van computers / ontstaan / er / allerlei nieuwe mogelijkheden / binnen het onderwijs.
9  In zijn opstel over het onderwijssysteem in India / zaten / heel veel grammaticale fouten.
10  Door het ongeluk / was / de trein uit Roosendaal / te laat.

**Oefening 2**

1 Mijn tante brengt altijd cadeautjes mee als ze komt. 2 De foto's heb ik in die kast gelegd. 3 Uit deze gegevens kunnen we concluderen dat de economie bloeit. 4 Het boek is uitgebreid besproken in een aantal kranten. 5 Op deze foto kunnen we het postkantoor zien.

**Oefening 3**

1 bemoeien met 2 besteden aan 3 van genieten 4 leiden tot 5 rekenen op 6 van voorzien 7 zorgt voor 8 van afhangen 9 voor inschrijven 10 voor schamen 11 voor geslaagd 12 verheugen op

## Hoofdstuk 7   De hoofdzin

**Oefening 1**

De antwoorden hieronder zijn slechts suggesties. Er zijn meer mogelijkheden.

1 Gisteravond heb ik een prachtig concert gehoord in het Concertgebouw. 2 Drie vwo-leerlingen van het Driestar College in Gouda hebben het afgelopen jaar regelmatig persoonlijke informatie van docenten en leerlingen op internet gezet. 3 Volgens het onderzoeksbureau O+S zal binnen nu en tien jaar dit deel van Amsterdam sterk veranderen. 4 De ouders kunnen de taalverwerving van hun kinderen stimuleren door hen veel voor te lezen. 5 In dat laboratorium worden proefdieren op grote schaal gebruikt. 6 Door de felle concurrentie met prijsvechters als Ryanair en Easyjet zal KLM per 1 januari de tarieven met veertig procent per ticket moeten verlagen. 7 De Nederlandse filmjournalisten hebben de Duitse film *Gegen die Wand* uitgeroepen tot beste film van het jaar. 8 Volgens de milieubeweging moet de Nederlandse overheid meer doen om de ontwikkeling van alternatieve energie te stimuleren. 9 Elk bedrijf heeft geld nodig om te kunnen investeren. 10 Sommige ouders praten met hun vrienden steeds over hun kinderen.

**Oefening 2**

De antwoorden zijn suggesties. Er zijn meer mogelijkheden.

Geachte heer/mevrouw,

*Sinds twee jaar (we beginnen een brief liever niet met 'ik')* heb ik een abonnement op uw krant. Ik was altijd heel tevreden over de krant. *De laatste tijd heb ik (stijl: variatie van zinsbouw)* echter veel problemen met de bezorging. De krant wordt zeker drie keer per week niet bezorgd. *Meestal ontvang ik de krant ('meestal' krijgt nadruk)* pas laat in de middag na een telefoontje met de bezorg-afdeling.
*Hierover heb ik (sluit beter aan bij vorige zin)* met de afdeling gesproken. *Toch is er ('toch' krijgt nadruk)* niets veranderd. Ik heb de krant afgelopen week weer twee dagen moeten missen. Het lukt u blijkbaar niet duidelijke afspraken met de krantenbezorger te maken. *Daarom heb ik besloten (mooie aansluiting bij vorige zin)* mijn abonnement per 1 januari op te zeggen.

Hoogachtend,

E. de Draayer

**Oefening 3**

# Personeel overbodig bij vertrek van Schiphol

*Vanaf de komende zomer kunnen passagiers* op de C-pier van Schiphol geheel zelfstandig inchecken en instappen. Personeel is dan niet meer nodig, alles verloopt elektronisch. *Dat heeft de luchthaven* woensdag meegedeeld.

Het was al mogelijk om zelf in te checken door middel van een elektronisch ticket. *Vanaf woensdag kunnen passagiers* bij twee gates ook zelfstandig in het vliegtuig stappen. *Hun zogenoemde boarding pass* hoeven ze niet langer aan een grondstewardess te laten zien.

Bij de gates C11 en C13 staan deuren die automatisch opengaan als de boarding pass is gescand. *Zonder tussenkomst van personeel kunnen reizigers* dan naar hun stoel lopen. *Voorlopig blijft het* echter ook nog mogelijk op de normale manier aan boord van het vliegtuig te gaan, zei een woordvoerster van Schiphol.

Het zelfstandig instappen moet het vertrek veel sneller laten verlopen. *Als passagiers alles zelf doen*, besparen de luchtvaartmaatschappijen bovendien veel geld. Schiphol betaalt de benodigde apparaten.

*Bij de ontwikkeling van het systeem heeft de luchthaven* nauw samengewerkt met KLM. Deze maatschappij regelt bijna alle vluchten vanaf de C-pier, waaronder ook die van Transavia, Maersk en Meridiana. *Binnenkort kunnen ook andere maatschappijen* gebruikmaken van het nieuwe systeem.

**Oefening 4** -

**Oefening 5**  Voorbeeldantwoorden. Er zijn meerdere antwoorden mogelijk.
1 Engels 2 volgt hij het nieuws op radio en tv 3 in Amersfoort 4 maakt hij zijn huis schoon 5 de post op tafel gelegd 6 de grammaticaoefeningen maken 7 bij Dell

## Hoofdstuk 8 De vraagzin

**Oefening 1**
1 Wie <u>heeft</u> dat <u>gezegd</u>? – Sarah <u>zei</u> dat.
2 Waarover <u>heb</u> je een uur geleden <u>gepraat</u>? – Over een reis naar Chili.

3 Van wie <u>houd</u> je het meest? – Van Eric.

4 Wat <u>zullen</u> we vanavond <u>doen</u>? – <u>Laten</u> we naar de film <u>gaan</u>.
5 Wie <u>is</u> dat? – De vriend van mijn zus.
6 Waarop <u>heb</u> je zolang <u>gewacht</u>? – Op bus 18.

7 Wat <u>zeg</u> je? – O, niets...
8 Waarvan <u>houd</u> je het meest? – Van patat.

9 Aan wie <u>zit</u> je te <u>denken</u>? – Aan mijn vriendin.

Dingen: waar + prepositie
Mensen: prepositie + wie

**Oefening 2**  1 Ja/nee-vraag: werkwoord op de eerste plaats 2 Wat 3 Met wie 4 Waarnaar/Naar welk programma 5 Waar/Welke/Op welke 6 Wanneer/Op welke leeftijd 7 Waarvoor/Voor welke dieren 8 Waarom 9 Over wie 10 Wie 11 Waarnaar/Naar welke muziek 12 Wanneer

**Oefening 3**  Wist (werkwoord op de eerste plaats) – Waarom/Hoezo/Wat – Heeft hij/Wat verdiende hij – Wanneer/Hoe – Wanneer – (werkwoord op de eerste plaats) – Wie/Met wie – (werkwoord op de eerste plaats)

**Oefening 4** -

**Oefening 5** -

## Hoofdstuk 9 Bijzinnen en conjuncties

**Oefening 1**
1 Mijn broer repareert zijn auto altijd zelf <u>als</u> hij kapot is .
Hoofdzin + bijzin

2 <u>Hoewel</u> het erg koud was , besloten we toch een wandeling langs het strand te maken.

Bijzin + hoofdzin

3 <u>Nadat</u> de president door de koningin was ontvangen, volgde het officiële bezoek aan het Rijksmuseum.
Bijzin + hoofdzin

4 Kun jij even aan Tim vragen <u>of</u> hij ook een kaartje voor het concert wil ?
Hoofdzin + bijzin

5 Gisteren heeft Abdelhafid examen gedaan, <u>maar</u> hij weet nog niet <u>of</u> hij is geslaagd.

Hoofdzin + hoofdzin + bijzin

6 <u>Als</u> u voor deze baan in aanmerking wilt komen, moet u uw sollicitatiebrief vóór 10 september opsturen.

Bijzin + hoofdzin

7 <u>Toen</u> Els van vakantie ⟨terugkwam⟩, ⟨moest⟩ ze meteen weer gaan werken.
Bijzin + hoofdzin

8 De dokter ⟨zei⟩ <u>dat</u> ik de medicijnen drie keer per dag ⟨moest⟩ innemen.
Hoofdzin + bijzin

9 <u>Sinds</u> Thomas in Nederland ⟨woont⟩, ⟨heeft⟩ hij zijn familie niet meer gezien.
Bijzin + hoofdzin

10 Hij ⟨zegt⟩ <u>dat</u> hij ⟨zal⟩ komen <u>als</u> hij genoeg tijd ⟨heeft⟩.
Hoofdzin + bijzin + bijzin

**Oefening 2**

1 doordat/omdat 2 Voordat 3 of 4 als/wanneer 5 sinds/omdat/doordat 6 totdat
7 Terwijl/Wanneer/Als 8 Doordat/Omdat 9 Hoewel – dat 10 sinds/doordat/omdat

**Oefening 3**

**1 Aan het werk <u>als/terwijl</u> iedereen slaapt.**
zodat – Nadat – zodra/wanneer – zodat – Wanneer/Als
**2 Closer**
nadat – Omdat – Omdat/Doordat – Hoewel – Hoewel
**3 Sporten**
voordat – Wanneer – Wanneer – zodat – Wanneer – Wanneer – zodat – dat – dat – voordat

**Oefening 4**

1 Hij heeft een huis gekocht, hoewel hij eigenlijk niet genoeg geld had.
2 Sinds/Omdat Els tegenover een park woont, gaat ze een paar keer per week wandelen. 3 Veel mensen nemen een bosje bloemen mee als/wanneer ze op bezoek bij vrienden of kennissen gaan. 4 Voordat ik deze officiële brief verstuur, controleer ik nog even of er echt geen fouten meer in staan. 5 Toen/Omdat Thomas een leuke mop vertelde, begon de hele groep hard te lachen.

**Oefening 5**

-

**Oefening 6**

-

**Oefening 7**

-

**Oefening 8**

-

**Oefening 9**

In het plaatsje Zevenhuizen heeft zich afgelopen weekend een klein drama afge-speeld. In het voorjaar *begon er* een zogenaamde 'zonnebloemenactie'. Deze werd *georganiseerd* door de plaatselijke supermarkt omdat de supermarkt precies 25 jaar *bestond*. De eigenaar van de grootste zonnebloem zou een jaar lang gratis bood-schappen *mogen* doen. Op drie augustus *zou* de winnaar bekend worden gemaakt. Al in de maand juli zag je in diverse tuinen in het stadje *grote* zonnebloemen staan. Op twee augustus leek de oudste bewoonster van Zevenhuizen de wedstrijd te gaan winnen, omdat haar zonnebloem al meer dan twee meter lang *was*. Toen de *bewo-ners* van Zevenhuizen echter op drie augustus uit hun huizen *kwamen* om naar de afloop van de wedstrijd te gaan kijken, *ontdekten* ze tot hun grote *verbazing* dat er geen zonnebloem meer rechtop *stond*. Men *begreep* er niets van. *Hoe* konden al die zonnebloemen omgewaaid zijn terwijl het de hele nacht windstil *was* geweest? Dat was onmogelijk. *Ze* moesten dus wel omgehakt zijn. De politie *startte* onmiddellijk een buurtonderzoek, maar de daders *zijn* tot nu toe niet gevonden.

Fouten met de woordvolgorde, de werkwoorden (vorm en tijd) en de spelling.
De cursist moet herhalen: hoofdstuk 2, 7, 8 en 9.

**Oefening 10\***

\* Aanwijzing voor de docent

<u>(Naam van de cursist)</u> kwam in Nederland toen hij/zij <u>(persoonsvorm en eventuele andere werkwoorden achteraan)</u>.
Voordat hij/zij in Nederland kwam, <u>(persoonsvorm)</u> <u>(subject)</u> <u>(eventuele andere werkwoorden achteraan)</u>.
Hij/zij volgt een cursus Nederlands omdat <u>(subject)</u> <u>(persoonsvorm en eventuele andere werkwoorden achteraan)</u>.

Zodra de cursus is afgelopen, (persoonsvorm) (subject) (eventuele andere werkwoorden achteraan).

Hij/zij vindt Nederland een/geen leuk land, omdat (subject) (persoonsvorm en eventuele andere werkwoorden achteraan).

In het weekend (persoonsvorm) (subject) (eventuele andere werkwoorden achteraan) of (persoonsvorm) (subject) (eventuele andere werkwoorden achteraan).

Toen hij/zij nog in zijn/haar eigen land woonde, (persoonsvorm) (subject) (eventuele andere werkwoorden achteraan), maar nu (persoonsvorm) (subject) (eventuele andere werkwoorden achteraan).

Hij/zij wil zeker in Nederland blijven totdat (subject) (persoonsvorm en eventuele andere werkwoorden achteraan).

Misschien gaat hij/zij ooit nog trouwen, maar voordat hij/zij gaat trouwen, (persoonsvorm) (subject) (eventuele andere werkwoorden achteraan).

## Hoofdstuk 10  De infinitief

**Oefening 1**

studeren – halen – zitten – te lezen – zitten – te praten – te praten – te spreken – te zeggen – betalen – te spreken – te spreken – te oefenen – spreken – te spreken – zeggen – spreken – zeggen

**Oefening 2**

1 te + infinitief 2 te + infinitief 3 infinitief 4 infinitief 5 infinitief 6 te + infinitief 7 te + infinitief 8 infinitief 9 infinitief 10 te + infinitief

**Oefening 3**

1 te + infinitief 2 te + infinitief 3 infinitief 4 infinitief 5 te + infinitief 6 infinitief 7 te + infinitief 8 te + infinitief

**Oefening 4**

-

## Hoofdstuk 11  Het reflexieve werkwoord en het scheidbare werkwoord

**Oefening 1**

1 Jullie moeten *je* aan de regels *houden*. 2 Amnesty International is zo'n bekende organisatie, omdat zij *zich* voor de rechten van de mens *inzet*. 3 Lies vindt dat ik *me* te veel met haar *bemoei*. 4 Abdelhafid wil *zich* aan de Nederlandse gewoonten *aanpassen*. 5 Ik kan het *me* (het) niet *permitteren* om zo'n duur huis te kopen. 6 Ik geloof dat je *je vergist*. 7 Mijn zusjes en ik *herinneren ons* nog goed dat onze moeder pannenkoeken bakte als een van ons jarig was. 8 Veel steden in derde-wereldlanden zullen *zich* steeds verder *uitbreiden*. 9 *Voelt* u *zich* al een beetje beter? 10 Dames en heren, wij *bevinden ons* op een belangrijke en historische plek.

**Oefening 2**

1 bemoeien zich – zich bezighouden 2 je verbazen – realiseren zich – zich afvragen 3 zich herinneren – verbaas me – ons herinneren – ons afvragen – zich herinneren 4 je realiseren – je aanpassen – zich aanpassen – je verbazen – zich verdiepen – Verheugen je – zich verzetten – je herinneren

**Oefening 3**

-

**Oefening 4**

overnemen – komt voor – nadoen – kom tegen – uitspreken – komt voor – doet open – praat mee – omgaan – kom tegen – tegen houden – aangeleerd – brak uit – aansteken – overnemen – aangetoond – opwekt – opmerken op roepen – stelde voor

**Oefening 5**

1 Deze knop moet je *indrukken*. 2 Tim probeert op de cursus zijn achterstand *in te halen*. 3 Het is Abdelhafid *opgevallen* dat bijna niemand in Nederland klompen draagt. 4 *Ik geef het op*. 5 Omdat Eric altijd zoveel geld *uitgeeft*, heeft hij steeds financiële problemen. 6 Wanneer je diep *ademhaalt*, word je vast wel wat rustiger. 7 Het gevaar bestaat dat de olifant *uitsterft*. 8 De Volkskrant *neemt* soms artikelen van andere kranten *over*. 9 De programmamakers *stemmen* de nieuwe televisieserie *op* de jeugd *af*. 10 Ik *spreek* met jullie *af* dat jullie volgende week deze lijst met onregelmatige werkwoorden hebben geleerd. 11 Dat *hangt* van het weer *af*. 12 In Nederland *oefent* de koningin niet veel invloed op de ministers *uit*.

**Oefening 6**

De antwoorden zijn slechts suggesties. Er zijn meer mogelijkheden.
1 tasten het milieu aan 2 op te letten/twee keer uit te leggen 3 wel opschieten!

4 opgezocht 5 veel producten naar Europa uitvoert 6 jas aan te trekken 7 zich op tijd inschrijft 8 stelde hij zich aan me voor.

**Oefening 7**

1 is overgebleven 2 ik mijn plannen bijstellen 3 zijn schulden te kunnen afbetalen 4 zit je na te denken 5 neem contact met je op 6 houd op met werken

**Oefening 8**

-

## Hoofdstuk 12  Andere soorten bijzinnen

**Oefening 1**

1 Reizigers die naar (sub)tropische landen willen – de medische voorzorgsmaatregelen die ze moeten nemen 2 Het nieuwe schoolgebouw, dat naar verwachting binnen enkele maanden opgeleverd wordt 3 een vrachtwagen die op de verkeerde helft van de weg reed. – Het ongeluk waarbij slechts enkele reizigers lichtgewond raakten – een lange file die pas tegen de avond was opgelost 4 een studie – waarin de economische gevolgen van de vergrijzing worden beschreven 5 de Nederlanders die in de jaren zestig geëmigreerd zijn naar Australië of Nieuw-Zeeland – Nederland waar ze vaak nog veel familie hebben 6 De gedetineerde, die begin dit jaar met zijn helikopter ontsnapte uit een gevangenis in Grave – de Nederlandse ambassade in Moskou waar de man enkele weken geleden een nieuw paspoort kwam aanvragen

**Oefening 2**

1 die – waarop 2 waar – over 3 dat 4 waarnaar – die 5 waaraan 6 waarmee – die 7 waar 8 met wie 9 waar(in) 10 dat 11 waarnaar 12 van wie 13 waarover 14 die 15 dat

**Oefening 3**

1 te veel subjectieve informatie geeft / oninteressante teksten schrijft 2 met wie je heel goed kunt praten / die heel interessante verhalen kan vertellen 3 waar(in) heel rustige mensen wonen / dat tegenover een park ligt / dat middenin het centrum van een drukke stad ligt 4 een president die internationale conflicten kan oplossen / een president van wie het volk houdt / een president die strijdt voor gelijke rechten voor iedereen 5 waar het gemiddeld warmer is dan dertig graden / waar bijna geen andere toeristen komen / waar alles goedkoper is dan in mijn eigen land 6 die onmiddellijk voor je klaarstaat / met wie je heel goed kunt praten 7 die over mensen uit andere culturen gaan / die over de liefde gaan 8 waar ze even lekker koken als mijn moeder / die niet zo duur zijn / waar ze heel exotische gerechten koken

**Oefening 4**

1 die vorige week twee kleine kinderen uit een brandend huis redde 2 waarin zij haar huissleutels had gedaan 3 die 's morgens vroeg beginnen te studeren 4 die hun vakantie in Nederland doorbrengen 5 die in de jaren zestig naar Canada geëmigreerd zijn 6 die nog maar korte tijd in Nederland zijn 7 waarmee de jongen de winkelier heeft doodgeschoten 8 waar veel kleine kinderen wonen

**Oefening 5**

-

**Oefening 6**

1 of er een zwembad in de buurt is / waar het postkantoor is / waar de dichtstbijzijnde bushalte is 2 op welke dagen de lessen gegeven worden / hoeveel de cursus kost / wanneer de cursus begint 3 waar en wanneer ik hem zou kunnen ontmoeten / wat zijn volgende film zal zijn / in welke film hij zijn eerste rol heeft gespeeld 4 of het mogelijk is om per openbaar vervoer door Zuid-Spanje te reizen / wat de gunstigste periode is om er te reizen / of ik alvast enkele hotels bij hen zou kunnen boeken 5 hoeveel het kost om lid van de bibliotheek te worden / hoe lang ik de boeken mag houden / wanneer de bibliotheek open is

## Hoofdstuk 13  Het passief

**Oefening 1**

1 actief 2 passief 3 actief 4 passief 5 passief 6 actief 7 passief 8 passief 9 passief 10 actief

**Oefening 2**

werd gedaan – werd/wordt gelezen – betekent – worden gepubliceerd – worden gekapt – worden verkocht – bevatten – wordt besteed – wordt gelezen – werden weggegooid – brengen – worden gebruikt – worden vernietigd – worden geschreven

**Oefening 3**

-

**Oefening 4**

-

**Oefening 5**

**Onderzoek bij studenten**

Op dit moment <u>wordt</u> aan de Universiteit van Amsterdam een onderzoek <u>gedaan</u>. Men <u>wil</u> <u>weten</u> hoeveel tijd studenten gemiddeld aan hun studie <u>besteden</u>. Volgende week <u>ontvangen</u> tweehonderd studenten van verschillende studierichtingen een vragenlijst. Op die lijst <u>staat</u> een aantal vragen zoals 'Hoeveel uren college <u>volg</u> je per week?'; 'Hoeveel tijd <u>besteed</u> je gemiddeld aan voorbereiding van die colleges?'. Over ongeveer vier maanden <u>worden</u> de resultaten van dit onderzoek <u>gepubliceerd</u>.

Tien jaar geleden <u>is</u> er ook zo'n onderzoek <u>gedaan</u>. Uit dat onderzoek <u>bleek</u> dat studenten toen gemiddeld tien uur per week college <u>hadden</u> en dat ze in totaal ongeveer vijfendertig uur per week aan hun studie <u>besteedden</u>. In die tijd <u>zaten</u> veel studenten in de universiteitsbibliotheek <u>te studeren,</u> omdat ze het moeilijk <u>vonden</u> om thuis serieus <u>te studeren</u>. Omdat ze heel weinig geld <u>hadden</u>, <u>moest</u> een aantal studenten ook naast de studie <u>werken</u>. Die studenten <u>vonden</u> het moeilijk om werk en studie met elkaar <u>te combineren</u>.

We <u>zijn</u> benieuwd of de resultaten van het huidige onderzoek ongeveer hetzelfde <u>zullen zijn</u>. Misschien <u>besteden</u> studenten tegenwoordig meer uren aan hun studie. Ook <u>is</u> het belangrijk om <u>te weten</u> hoeveel men van de universiteitsbibliotheek <u>gebruikmaakt</u>. Wanneer de onderzoeksresultaten bekend <u>zijn</u>, <u>kunnen</u> er bijvoorbeeld beslissingen over de openingstijden van de bibliotheek <u>genomen worden</u>. Het rapport van dit onderzoek <u>wordt</u> over vier maanden ook aan de minister van Onderwijs <u>aangeboden</u>.

## Hoofdstuk 14 Het gebruik van 'er'

**Oefening 1**

daar 2 – daar 1 – er 1 – er 2 – Er 4+1 – er 4 – er 4+1 – er 3 (+1) – er 2 – Er 1+2+4 – er 4 – er 4

**Oefening 2**

1 Ik woon hier/er … 2 Ik heb er (veel/geen) verstand van. 3 Ik kijk er … naar. 4 Ik heb er … 5 Ik houd er (niet) van. 6 Ik luister er (vaak) naar. 7 Ik ben er/daar wel eens (nooit) geweest. 8 Ja, ik heb er nog drie. 9 Ja, je kunt er/daar ook studeren. 10 Nee, ik heb er geen moeite mee.

**Oefening 3**

-

## Bijlage 1

**Oefening 1**

1 raad 2 rat 3 boot 4 bot 5 boek 6 bok 7 keek 8 hek 9 Truus 10 Kees 11 boos 12 bos 13 zaak 14 Ben 15 Leen 16 kies 17 kist 18 been 19 pin 20 peen

**Oefening 2**

1 Mijn buren bezitten drie katten. 2 Ze klimmen vaak in de bomen in mijn tuin. 3 Vanmiddag zaten ze er ook, ik zag ze zitten. 4 Een kat is rood, een andere is zwart en de derde is wit. 5 De rode is veel groter en dikker dan de zwarte en de witte. 6 Ik had ook een huisdier: een gele parkiet. 7 Op een zonnige dag is mijn vogel door de ramen naar buiten gevlogen. 8 De meeste katten houden erg van vogels. 9 Je kunt de natuur natuurlijk niet veranderen. 10 Maar mijn parkiet is nu dood.

**Oefening 3**

1 schrijf 2 brieven – zussen 3 weken 4 bevalt 5 stiller – drukke 6 huizen 7 trappen 8 hoge – bomen 9 rode – witte – gele 10 smalle 11 schoner – vissen 12 terrassen 13 duurt 14 intensieve 15 blijf – weken 16 goedkoper – geef 17 gezinnen 18 spreek – gesprekken 19 verre – natte 20 mis – weken

# Opdrachtblad
# B-oefeningen

**B3.7**

| | |
|---|---|
| een camera | een tennisracket |
| een pakje sigaretten | een tandenborstel |
| een voetbal | een krant |
| een tas | een kopje koffie |
| een piano | een bos bloemen |
| een bank | een paar schoenen |
| een schilderij | een glas bier |
| een bruidsjurk | een pen |
| een kerk uit 1200 | een woordenboek |
| een fiets | een bril |
| een computer | een mes |

**B9.7**

A 1 Als ik genoeg geld heb, _____.

 2 Omdat het gisteren regende, _____.

 3 Je was niet thuis toen _____.

 4 Ik ben heel gelukkig sinds _____.

 5 Voordat ik ga slapen, _____.

B 1 Ik kom bij je op bezoek als _____.

 2 Toen ik nog een kind was, _____.

 3 Ik ga niet naar dat feest, omdat _____.

 4 Sinds ik een cursus Nederlands volg, _____.

 5 Voordat je bij een Nederlander op bezoek gaat, _____.

C 1 Als ik klaar ben met deze cursus, _____.

 2 Toen de les afgelopen was, _____.

 3 Ik heb geen huisdier, omdat _____.

 4 Sinds hij in Nederland woont, _____.

 5 Hij wil goed Nederlands spreken, voordat _____.

B9.8a

### Cursist A: situaties

#### Situatie 1
Je geeft vanavond een feestje. Je komt een vriend(in) tegen en je nodigt hem/haar uit voor je feestje.

#### Situatie 2
Je moet morgen naar Rotterdam. Je weet dat een vriend(in) morgen toevallig met de auto naar Rotterdam gaat. Je wilt meerijden. Wat vraag je?

#### Situatie 3
Je zit samen met een medecursist huiswerk te maken. Je wilt graag even stoppen om een wandeling te maken. Stel dat voor.

#### Situatie 4
Je gaat bij een vriend(in) eten. Op de televisie is een interessante documentaire waar je graag naar wilt kijken. Vraag of dat kan.


### Cursist B: reacties

#### Reactie 1, conjunctie: omdat (of want)
Een vriend(in) nodigt je uit voor een feest vanavond. Je zou wel willen komen maar je kunt niet. Leg uit waarom je niet kunt.

#### Reactie 2, conjunctie: als
Morgen ga je met de auto naar Rotterdam. Een vriend(in) wil meerijden. Zeg dat dat kan. Er is een voorwaarde: hij/zij moet om zes uur 's morgens al bij je zijn.

#### Reactie 3, conjunctie: voordat, nadat
Je bent met een medecursist huiswerk aan het maken. Hij/zij stelt voor om een wandeling te gaan maken. Dat vind je een goed idee. Eerst wil je echter dat alle oefeningen klaar zijn.

#### Reactie 4, conjunctie: terwijl
Een vriend(in) komt bij je eten. Hij/zij wil graag een bepaald televisieprogramma zien en vraagt dat. Je stelt voor om gedurende het eten naar dat programma te kijken.

**B9.8b**

**Cursist B: situaties**

**Situatie 5**
Je hebt met een vriend(in) om acht uur op het station afgesproken. Hij/zij komt veel te laat. Je wilt weten waarom hij/zij zo laat is. Wat vraag je?

**Situatie 6**
Je zit te praten met een medecursist. Hij/zij heeft een artikel gelezen over jonge mensen in Japan. Je wilt weten of jonge mensen in Japan al vroeg zelfstandig gaan wonen. Vraag dat.

**Situatie 7**
Je bent in gesprek met een medecursist. Je wilt graag weten waar hij/zij vroeger woonde en hoe oud hij was toen hij daar woonde. Vraag dat.

**Situatie 8**
Je zit te praten met een medecursist. Je weet dat hij/zij al drie jaar in Nederland woont. Je wilt weten wat hij/zij in die tijd allemaal gedaan heeft. Vraag dat.


**Cursist A: reacties**

**Reactie 5, conjunctie: doordat, omdat**
Je hebt met een vriend(in) om acht uur op het station afgesproken. De trein had vertraging. Je bent twintig minuten te laat. Wat zeg je tegen je vriend(in)?

**Reactie 6, conjunctie: totdat**
Je hebt in een artikel gelezen dat jonge mensen in Japan meestal bij hun ouders wonen. Ze gaan pas zelfstandig wonen op het moment dat ze trouwen. Leg dit aan een medecursist uit.

**Reactie 7, conjunctie: toen**
Vertel aan een medecursist waar je vroeger woonde en vertel erbij op welke leeftijd je daar woonde.

**Reactie 8, conjunctie: sinds**
Je woont al drie jaar in Nederland. Je hebt allerlei dingen gedaan in die tijd (gestudeerd, gewerkt, enzovoort). Een medecursist vraagt wat je allemaal gedaan hebt. Geef antwoord.

**B11.8**

| A | jan. 2003 | juni 2004 | nu | over twee jaar |
|---|---|---|---|---|
| Els | stichting oprichten | | | |
| Sarah | | | zich inschrijven cursus Nederlands | |
| Abdelhafid | | | | relatie met Els uitmaken |
| Lies | deelnemen aan een schaakwedstrijd | haar studie afmaken | | |

| B | jan. 2003 | juni 2004 | nu | over twee jaar |
|---|---|---|---|---|
| Els | | | | al haar vrienden kwijtraken |
| Sarah | | weggaan uit de VS | | een baan aannemen |
| Abdelhafid | geld opsturen naar Els | zich inzetten voor vluchtelingen | | |
| Lies | | | in Nederland aankomen | |

| C | jan. 2003 | juni 2004 | nu | over twee jaar |
|---|---|---|---|---|
| Els | | haar studie afmaken | schuld afbetalen | |
| Sarah | nadenken over de toekomst | | | |
| Abdelhafid | | | geld terug krijgen van Els | |
| Lies | | | | doodgaan |

# Literatuurlijst
# bij Nederlands in hoofdlijnen

B. Bossers (2002), Grammaticaonderwijs, heeft dat zin? *Les 119, Tijdschrift voor docenten aan (jong) volwassen anderstaligen*, 3-6.

C. Doughty (1998), *Focus on Form in Classroom Second Language Acquisition.* Cambridge, University Press.

R. Ellis (1994), *The study of Second Language Acquisition*, Oxford, University Press.

F. Kuiken & I. Vedder (1995), *Grammatica opnieuw bekeken. Over de rol en aanpak van grammatica in tweede- en vreemde-taalonderwijs*, Amsterdam, Meulenhoff Educatief.

S. Thornbury (1999), *How to teach grammar*, Londen, Longman.

# Verantwoording

**Omslagfoto en foto's**
Arjan de Jager, 's Gravenzande